# 旅游学基础

刘迎华 主编
杨栋 朱丽男 王健 副主编
刘芬 孟凤娇

清华大学出版社
北京

## 内 容 简 介

本书主要包括旅游概论篇、旅游业态篇、旅游组织篇以及旅游职业篇四部分。而旅游概论篇包括旅游概论、旅游发展的历史沿革两章内容；旅游业态篇包括旅行社、旅游景区、旅游酒店、旅游交通以及其他旅游业态五章内容；旅游组织篇包括认识旅游组织一章内容；旅游职业篇包括旅游职业道德与职业精神以及旅游行业相关证书两章内容。

本书既适用于高等院校旅游管理专业教学，也可作为旅游管理的培训教材。

本书封面贴有清华大学出版社防伪标签，无标签者不得销售。
版权所有，侵权必究。举报：010-62782989，beiqinquan@tup.tsinghua.edu.cn。

**图书在版编目(CIP)数据**

旅游学基础/刘迎华主编. —北京：清华大学出版社，2021.8(2022.8重印)
ISBN 978-7-302-58882-5

Ⅰ. ①旅… Ⅱ. ①刘… Ⅲ. ①旅游学—教材 Ⅳ. ①F590

中国版本图书馆 CIP 数据核字(2021)第 159578 号

责任编辑：孟　攀
封面设计：杨玉兰
责任校对：李玉茹
责任印制：刘海龙

出版发行：清华大学出版社
　　　　网　　址：http://www.tup.com.cn, http://www.wqbook.com
　　　　地　　址：北京清华大学学研大厦 A 座　　邮　编：100084
　　　　社 总 机：010-83470000　　邮　购：010-62786544
　　　　投稿与读者服务：010-62776969, c-service@tup.tsinghua.edu.cn
　　　　质量反馈：010-62772015, zhiliang@tup.tsinghua.edu.cn
　　　　课件下载：http://www.tup.com.cn, 010-62791865
印 装 者：三河市龙大印装有限公司
经　　销：全国新华书店
开　　本：185mm×260mm　　印　张：11.25　　字　数：273 千字
版　　次：2021 年 9 月第 1 版　　印　次：2022 年 8 月第 2 次印刷
定　　价：39.00 元

产品编号：087171-01

# 前　　言

　　"旅游学概论"是高等院校旅游管理专业的一门非常重要的专业基础课程，是该专业学生学习和掌握旅游管理专业知识的入门课程。通过对本门课程的学习，学生能掌握旅游学基础知识，具备一定的发现问题、分析问题的能力，能为进一步学习旅游管理专业的各分支学科奠定专业基础。

　　为了更加突出其作为专业基础课程的作用，本书取名为"旅游学基础"，旨在让学生掌握相关旅游学基本理论知识，并让他们对旅游行业知识有一定的基本了解。知道旅游行业包括哪些分支部门，这些分支部门的行业现状是什么，特点是什么，从而激发学生的学习兴趣和积极性，做到理论学习与实践技能并重，并为学生以后从事相关旅游行业奠定一定的基础。

　　本书经过编者团队多年的不懈思考与实践，从基础专业课程开始进行全方位的知识体系构造，使其具有以下鲜明特点。

　　(1) 创新性。

　　本书对传统旅游学概论教材进行了大胆的改革与创新，在框架体系、教学内容、案例等方面都进行了重新构思与编排，它呈现的不仅仅是知识，更重要的是一种理念。

　　(2) 实用性。

　　本书紧紧围绕行业的实际情况，贴近学生学习的需求，满足后续课程知识储备的需要，将行业标准、工学结合的理念、行业最新发展的风向标都渗透其中，为学生了解旅游和旅游行业做了很好的铺垫。

　　(3) 层次性。

　　本书理论与实践并重，注重理论，贴合实际，因此能满足不同层次学生的个性化学习需要。

　　在编写本书的过程中，我们积极借鉴了国内外新的研究成果，选用了部分专业网站的数据资料，在此，对这些作者表示衷心的感谢。

　　感谢编者团队老师的辛勤付出，他们的劳动让《旅游学基础》得以顺利完成。当然，由于编写人员的知识水平和教学经验有限以及编写时间仓促，本书难免存在不足，希望广大读者能够提出宝贵意见，我们将会不断修订和完善。

编　者

# 目　　录

## 旅游概论篇

### 第一章　旅游概论 ......................................... 3
#### 第一节　旅游与旅游者 ................................. 5
一、旅游概念的形成 ............................. 5
二、旅游概念的类型 ............................. 5
三、旅游"六要素"说 ........................... 7
四、旅游者的概念 ............................... 8
#### 第二节　旅游资源、产品与市场 ..................... 12
一、旅游资源 ................................... 12
二、旅游产品 ................................... 13
三、旅游市场 ................................... 15
本章小结 ............................................. 17
课后练习 ............................................. 18

### 第二章　旅游发展的历史沿革 ..................... 19
#### 第一节　19世纪以前的旅行活动 ................. 20
一、迁徙与旅行的出现 ......................... 21
二、奴隶社会的旅行活动 ..................... 21
三、封建社会时期旅行活动的发展 ... 22
#### 第二节　近代旅游活动的兴起和发展 ............. 23
一、工业革命对近代旅游发展的影响 ........................................... 23
二、近代旅游的发展 ........................... 24
#### 第三节　现代旅游活动的兴起和发展 ............. 25
一、世界现代旅游业发展的基本特征 ....................................... 25
二、现代旅游快速发展的原因分析 ... 26
#### 第四节　中国旅游业的产生与发展 ............. 27
一、中国近代旅游活动的迅速兴起 ... 27
二、中国现代旅游业的快速发展 ....... 28
本章小结 ............................................. 32
课后练习 ............................................. 32

## 旅游业态篇

### 第三章　旅行社 ........................................... 35
#### 第一节　旅行社概述 ................................... 36
一、旅行社的定义、性质和作用 ....... 36
二、旅行社的主要类型 ....................... 38
三、旅行社的设立 ............................... 40
四、旅行社的基本业务 ....................... 41
#### 第二节　旅行社组织结构设计 ..................... 42
一、旅行社组织结构设计的依据 ....... 42
二、旅行社组织结构的类型 ............... 43
三、旅行社岗位职责与工作特点 ....... 45
#### 第三节　旅行社的主要产品 ......................... 49
一、旅行社产品 ................................... 49
二、旅行社主要旅游产品 ................... 49
#### 第四节　旅行社市场营销 ............................. 58
一、旅行社市场营销的概念 ............... 58
二、旅行社市场营销组合策略 ........... 58
三、旅行社产品促销 ........................... 60
本章小结 ............................................. 64
课后练习 ............................................. 64

### 第四章　旅游景区 ....................................... 65
#### 第一节　景区概述 ....................................... 67
一、景区的概念 ................................... 67
二、景区的特点 ................................... 68
三、景区的基本设施 ........................... 69
#### 第二节　景区的分类 ................................... 72
一、按照景区设立的性质 ................... 72
二、按照景区所依赖的吸引因素的属性分类 ................................... 72
三、按照旅游景区的内容和管理主体分类 ....................................... 73

第三节 景区的分级 ............................................... 77
 一、景区的分级体系 ....................................... 77
 二、景区的等级评定 ....................................... 78
本章小结 ............................................................. 79
课后练习 ............................................................. 79

## 第五章 旅游酒店 ............................................. 81

第一节 酒店概述 ................................................. 83
 一、酒店的概念 ............................................... 83
 二、酒店和有关住宿设施类型及
  称谓 ............................................................ 83
 三、酒店组织部门的构成 ................................ 84
第二节 酒店的分类及星级评定 .......................... 87
 一、酒店的分类 ............................................... 87
 二、酒店的等级 ............................................... 89
 三、我国旅游酒店的星级评定 ........................ 90
第三节 经济型酒店概述 ..................................... 91
 一、经济型酒店的定义、分类及
  特点 ............................................................ 91
 二、经济型酒店的发展历史 ............................ 92
 三、中国经济型酒店的发展现状 .................... 93
本章小结 ............................................................. 94
课后练习 ............................................................. 95

## 第六章 旅游交通 ............................................. 97

第一节 旅游交通概述 ......................................... 98
 一、旅游交通的概念 ....................................... 98
 二、旅游交通的特性 ....................................... 98
 三、旅游交通在旅游发展中的作用及
  地位 ............................................................ 99
第二节 主要旅游交通方式 ............................... 100

 一、航空运输 ................................................. 100
 二、铁路运输 ................................................. 101
 三、公路运输 ................................................. 101
 四、水上运输 ................................................. 101
 五、市内交通工具 ......................................... 102
 六、辅助性交通工具 ..................................... 102
本章小结 ........................................................... 102
课后练习 ........................................................... 103

## 第七章 其他旅游业态 ................................... 105

第一节 文化旅游 ............................................... 106
 一、文化旅游的概念 ..................................... 106
 二、文化旅游的特点 ..................................... 106
 三、文化旅游项目开发的
  十大类型 .................................................. 107
第二节 旅游娱乐 ............................................... 108
 一、旅游娱乐的概念 ..................................... 108
 二、旅游娱乐的特点 ..................................... 109
 三、旅游娱乐业的作用 ................................. 109
 四、旅游娱乐的类型 ..................................... 110
 五、旅游娱乐项目介绍 ................................. 110
第三节 休闲旅游 ............................................... 115
 一、休闲旅游的概念 ..................................... 115
 二、休闲旅游的特征 ..................................... 116
 三、休闲旅游产品 ......................................... 117
第四节 旅游电子商务 ....................................... 119
 一、旅游电子商务概念的界定 ..................... 119
 二、旅游电子商务的内涵 ............................. 120
 三、旅游电子商务的类型 ............................. 121
本章小结 ........................................................... 125
课后练习 ........................................................... 125

# 旅游组织篇

## 第八章 认识旅游组织 ................................... 129

第一节 旅游组织概述 ....................................... 130
 一、旅游组织的基本含义 ............................. 130
 二、旅游组织的类型 ..................................... 131
 三、旅游组织的主要职能 ............................. 132
第二节 国际旅游组织 ....................................... 133
 一、世界主要国际旅游组织 ......................... 133

 二、其他国际旅游组织 ................................. 135
第三节 中国旅游组织 ....................................... 136
 一、旅游行政组织 ......................................... 136
 二、旅游行业组织 ......................................... 137
 三、旅游教育与学术组织 ............................. 139
本章小结 ........................................................... 139
课后练习 ........................................................... 140

## 旅游职业篇

**第九章　旅游职业道德与职业精神**..........143

　第一节　旅游职业道德..............................146
　　一、旅游职业道德的含义......................146
　　二、旅游职业道德的特点......................147
　　三、旅游职业道德的基本要求..............148
　　四、旅游职业道德规范..........................149
　　五、旅游职业道德修养的内容和
　　　　方法......................................................152
　第二节　旅游职业精神..............................153
　　一、旅游职业精神概述..........................153
　　二、我国旅游职业精神建设的
　　　　现状及问题..........................................153
　　三、旅游职业精神建设途径..................154
　本章小结..........................................................156
　课后练习..........................................................156

**第十章　旅游行业相关证书**......................157

　第一节　导游资格证..................................158
　　一、导游人员..........................................158
　　二、导游人员资格考试制度..................159
　第二节　导游证..........................................161
　　一、导游证版式......................................161
　　二、导游证申领和颁发..........................162
　　三、导游执业管理..................................167
　　四、导游执业保障与激励......................168
　本章小结..........................................................169
　课后练习..........................................................169

**附录**..................................................................170

**参考文献**..........................................................171

# 旅游概论篇

- 第一章　旅游概论
- 第二章　旅游发展的历史沿革

# 第一章

## 旅游概论

【学习目标】

通过本章的学习,要求学生理解旅游、旅游者、旅游资源、旅游产品、旅游市场等相关概念;掌握旅游者的分类、旅游资源的类型以及旅游市场的划分方法。

【关键词】

旅游 旅游者 旅游资源 旅游产品 旅游市场

## 案例导入

### 中国旅游日｜旅游产业是幸福产业！

中国旅游日起源于2001年5月19日,浙江宁海人麻绍勤以宁海徐霞客旅游俱乐部的名义,向社会发出设立中国旅游日的倡议,建议将《徐霞客游记》首篇《游天台山日记》开篇之日(5月19日)定为中国旅游日。

2011年3月30日,国务院常务会议通过决议,自2011年起,每年5月19日为中国旅游日。中国旅游日的设立旨在强化旅游宣传,培养国民旅游休闲意识,鼓励人民群众广泛参与旅游活动,提升国民生活质量,推动旅游业发展。

它的设立标志着中国旅游业已经进入一个更好地满足人民群众日益增长的旅游需求的新时代。中国旅游日虽然为非法定节假日,但每年节日期间全国各地都会举行隆重的旅游节庆活动。

1980年,世界旅游组织发布的纲领性文件《马尼拉世界旅游宣言》指出,旅游是人的基本权利,旅游是人类实现自我精神解放的重要途径。第66届联合国大会提出,追求幸福是人的一项基本目标,幸福和福祉是全世界人类生活中的普遍目标和期望。

全球旅游业的飞速发展,大众旅游时代的到来,不仅表明旅游业已经成为全球经济的新动能,更昭示着旅游关乎梦想,关乎生命质量,关乎人性的成长,关乎人类的幸福。

旅游是人们提升生活质量的重要方式。研究表明,生活中旅游与恋爱婚姻、家庭财富、事业发展、学习教育、健康保障、子女成长同样重要。旅游有助于人们的身心健康,感觉到生活的充实;旅游中的幸福经历会加深家庭成员之间的理解和爱,让人们更懂得珍惜和感恩,使得家庭成员之间的关系更加和睦融洽。

旅游成为现代都市人放松和充电的最佳选择之一,有助于消除焦虑、紧张等消极情绪,带来积极情绪,促进身心健康;帮助人们缓解和减轻工作压力,使工作更加高效、有激情,营造良好的工作关系和氛围,实现工作与生活的平衡。

旅游使人们更加热爱生活,热爱大自然,懂得珍惜现在的生活,拥有积极的生活态度,丰富对生活的感悟,从而不断提升人们的生活质量。

旅游已融入更多人的生活,成为重要的生活方式。阿兰·德波顿在《旅行的意义》中说,如果生活的要义在于追求幸福,那么,除却旅行,很少有别的行为能呈现这一追求过程中的热情和矛盾。不论是多么不清晰,旅行仍能表达出紧张工作和辛苦谋生之外的另一种生活意义。

迪士尼乐园里孩子们纯真的笑脸,巴黎街头下午茶时的悠闲惬意,布达拉宫里体会到的庄严与神圣,美国1号公路上自驾的酣畅,埃及卢克索神庙前对人类文明的惊叹,登上长城后成为好汉的豪迈,背包客徒步穿越腾格里沙漠对自我极限的挑战和突破……人们通过旅游探索未知,开阔思维,促进社交,加深情感,增进对未知世界和他人的了解。

研究表明,人们通过旅游获得积极情绪、控制感、成就感、个人成长、社会交往和沉浸体验等幸福体验。据携程发布的《中国旅游者点评与幸福指数报告2019》显示,中国旅游者从旅游中获得了强烈的幸福感,且中国旅游者的幸福指数处于持续上升趋势。

旅游产业作为幸福产业,更重要的意义在于提升国民幸福和福祉。幸福是人类永恒的追求,幸福感是一种从简单的感官享乐到精神层面上追寻自我实现和人生意义的综合体验。

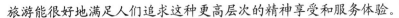

旅游能很好地满足人们追求这种更高层次的精神享受和服务体验。

打造幸福产业是中国旅游业的愿景和使命。国务院《关于进一步扩大旅游文化体育健康养老教育培训等领域消费的意见》提出，要着力推进幸福产业，要推动服务消费提质扩容。"旅游让生活更幸福"是产业方向、人民诉求。

旅游企业应将人们幸福感的提升作为其业务的根本出发点，在旅游产品开发、服务提供、流程设计、营销推广的各个环节中实践幸福理念；政府应该以国民幸福感作为政策制定的出发点，为人民创造更好的旅游环境和政策保障，为旅游企业发展搭建良性平台，使旅游业成为名副其实的幸福产业，成为建设幸福中国的战略支撑。

所以，旅游产业是幸福产业，不是吗？

（资料来源：https://ius.nju.edu.cn/4e/89/c9742a478857/page.htm）

**辩证性思考**

1. 你是否有过非常难忘的旅游经历？
2. 为什么说旅游产业是幸福产业？

# 第一节　旅游与旅游者

## 一、旅游概念的形成

旅游作为人类社会生活的一项重要内容，是从人类早期的旅行发展而来的，起源非常久远。从全球历史考察来看，中国人和印度人可能是最早的旅游者。在公元前 4000 年左右，他们就到处周游进行贸易交往。由于人类早期的旅行主要是出于经商和贸易的需要，旅行目的和内容单一，旅行人数规模和范围有限，社会影响也较小，因此，在相当长的时期内，"旅行"一词没有明确的科学概念的界定，只是作为一个日常用语。在我国古代，"旅"和"游"是两个各自独立的概念。古书曰："旅者，客寄之名，羁旅之称。失其本居而寄他方，谓之旅。"而"游"即遨、游览。《礼记·学记》中有"息焉游焉"语，此外，还有"闲暇无事谓之游"，可见"旅游"就是旅行游览，是"旅行"和"游览"两种活动的有机统一。在中国，"旅游"一词始见于南朝梁代诗人沈约的《悲哉行》一诗中："旅游媚年春，年春媚游人。"20 世纪 70 年代以前很少用到"旅游"一词，常见的是"旅行"。现"旅游"就是旅行游玩，是"旅行"和"游览"两种活动的有机统一。与"旅游"意义相似的还有"观光"一词，远在 3000 年前，《易经》一书"观"卦中就有"观国之光，利用宾于王"的句子。观光，即观看、考察。目前，我国台湾地区及受汉文化影响的日本、韩国都在文献中使用"观光"一词。在西方国家，"tourism"一词最早出现在 1811 年出版的《牛津词典》中，用于指因消遣目的而离家外出的旅行和逗留。

## 二、旅游概念的类型

不同时代的旅游学家根据当时旅游发展的情况，对旅游做出了相应的定义，目前来说主要有以下几种说法。

### (一)交往概念的定义

1927年，德国的蒙根·罗德(Mon Gen Rod)对旅游作了交往概念的定义，认为旅游从狭义的角度理解是那些暂时离开自己的住地，为了满足生活和文化的需要或各种各样的愿望，而作为经济和文化商品的消费者逗留在异地的人的交往。可以看出，这个定义强调旅游是一种社会交往活动。

### (二)综合性的定义

1942年，瑞士学者沃特尔·汉兹·克尔(Walter Hands Kerr)和库特·克拉普夫(Kurt Klapf)对旅游作了很重要的概念性定义，即"旅游是由非本地居民的旅行和暂时居留所引起的各种现象和关系的总和，其前提是这些旅行和短暂停留不会导致他们长期地居住或从事任何赚钱的活动"。这个定义强调了旅游引发的各种现象和关系，即强调了旅游的综合性内涵。

这个定义于20世纪70年代为国际旅游科学专家联合会(AIEST)所接受，因此，这一定义也被称为"艾斯特(AIEST)定义"，国际上普遍接受。

### (三)消遣概念的定义

1979年，美国通用大西洋有限公司的马丁·普雷(Martin Poulet)博士在中国讲学时，对旅游也作了定义，认为"旅游是为了消遣而进行的旅行，在某国逗留的时间至少超过24小时"。这个定义无疑又强调了消遣的意义。

### (四)空间流动定义

李天元在其《旅游学概论》中认为："旅游是人们出于移民和就业任职以外的其他原因离开自己的常住地前往异国他乡的旅行和逗留活动，以及由此所引起的现象和关系的总和。"该定义突出了旅游的非移民和就业目的，以及在异地的活动。

### (五)经历的定义

谢彦君在《基础旅游学》中对旅游给出了一个简洁而明确的定义："旅游是个人以前往异地寻求愉悦为主要目的而度过的一种具有社会、休闲和消费属性的短暂经历。"该定义强调了旅游的目的性和属性，突出说明旅游是个人的经历。

### (六)旅游的技术性定义

世界旅游组织于1991年6月25日，在加拿大首都渥太华召开了旅游统计国际大会，会上通过了一系列决议。世界旅游组织在技术层面上对旅游进行了界定："旅游是指人们为了休闲、商务或其他目的离开他们的惯常环境，去往他处并在那里逗留连续不超过一年的活动。"同时强调"访问的目的不应是通过所从事的活动从访问地获取报酬"。

上述综述了国内外具有代表性的旅游定义，尽管表述不一，各有看法，但所有的观点还是存在许多共同之处的，如离开常住地、前往异地逗留一段时间及其相关活动等。因此，本书认为：旅游是人们出于移民和就业任职以外的其他原因，暂时离开自己的常住地，前往异国他乡旅行游览和逗留的活动。

## 三、旅游"六要素"说

旅游活动"六要素"说认为,"食、住、行、游、购、娱"是旅游活动中六个最基本的要素,这些要素相互依存,缺一不可。

### (一)食

食,即餐饮,是旅游供给中最基本的一项内容。旅游者是在拥有了足够的可自由支配收入后,才会参与到旅游活动中来,他们的消费能力都比较高。因而,对于他们来说,用餐不仅仅是为了简单地填饱肚子,满足生理需求,而是为了追求心理上、精神上或情感上的满足。美味可口的饭菜,安全、整洁、轻松、愉快的用餐环境是最基本的要求,而具有当地特色、体现深厚饮食文化传统的饮食则更能受到旅游者的青睐,甚至在某些情况下,餐饮本身就能成为一种旅游资源,吸引旅游者来访。由此可见,餐饮产品的质量,将直接影响旅游产品的整体质量。

### (二)住

住,即住宿,是旅游活动得以顺利进行的基本保障。无论旅游者参与的是何种类型的旅游活动,都需要一定的体力支持。漫长的旅途难免会让旅游者产生疲劳,而舒适、安全的住宿设施能够帮助旅游者补充体力,是顺利参与后续旅游活动的有力保障。随着旅游业的发展,旅游活动的形式正日益多样化。旅游活动中消费结构的变化,意味着住宿设施也必然要逐步调整档次结构、类型结构和地域分布结构,按照旅游产业结构变化和旅游者需求结构的变化而变化,以最大限度地满足旅游者的消费需求。

### (三)行

行,即旅游交通,是旅游活动的必要前提,没有"行"就没有旅游。旅游活动的异地性决定了在旅游活动中发生空间转移的不是旅游产品,而是购买旅游产品的主体旅游者。旅游交通就是帮助旅游者实现空间转移的必要手段,它既包括旅游者在旅游客源地和旅游目的地之间的往返交通,也包括旅游目的地之间以及同一目的地内不同景点之间的转移过程。快捷、安全、舒适的现代旅游交通不仅提高了旅游的舒适度,也丰富了旅游活动的内容,为旅游过程增添了许多乐趣。湖上泛舟、策马驰骋、缆车观景等,这些有异于日常生活的特殊体验,不仅仅是实现旅游活动的一种手段,其本身已成为吸引旅游者的因素之一。

### (四)游

游,即游览,是旅游消费的最终目的,也是旅游活动的基础部分。在旅游活动的"六要素"中,食、住、行、购、娱都是进行游览的必要条件或派生物。食、住、行是实现"游"的前向关联要素,是开展旅游活动的必要条件,一旦缺乏这些条件,旅游活动就无法开展;购、娱是"游"的后向关联要素,是提升旅游质量的充分条件。尽管"购"和"娱"的存在与否似乎并不影响旅游活动的开展,但对旅游者来说,这两个要素不仅能丰富旅游者的旅游经历，还能使其对目的地留下深刻的印象；而对目的地来说，这两个要素则是旅游效益的关键所在，在效益构成中占有举足轻重的位置。旅游者外出旅游是希望在旅游的过程中经历和享受不同文化、不同生活体验带来的快感，因而"游"的关键就是要体现特色。对于旅游者来说，只有与众不同的体验，才是有价值的。

### (五) 购

购，即旅游购物，是旅游者在旅游过程中购买旅游相关产品的行为，是旅游的乐趣所在，也是旅游过程中必不可少的环节之一。通常，旅游者在旅游过程中会购买一些非日常性的特殊商品，如纪念品、艺术品、特殊的家庭生活用品等，用于满足馈赠亲友、玩味欣赏等需要。这种购物形式与日常购物的体验完全不同，购买的大部分不是生活必需品，而且购物的环境也较为轻松、悠闲，因而购物已不再是一种负担，而是一种享受。

尽管购物可能不是旅游者到目的地旅游的首要目的，但购物能增强旅游目的地的吸引力，使旅游活动的内容更加丰富多彩。

### (六) 娱

娱，即旅游娱乐，是旅游者在旅游活动中所观赏和参与的文娱活动，它是旅游活动中的休闲内容。随着人们生活水平的日益提高以及旅游消费观念的日趋成熟，人们对旅游产品和服务的质量有了更高的要求。"白天看庙、晚上睡觉"这样传统的旅游活动早已不能满足现代旅游者的需求。因此，旅游娱乐成为旅游活动中一个重要的组成部分。旅游娱乐活动大体上有两类：一类是有固定时间和场所、充分展示地方特色的大型文化表演活动；另一类是分散于城市中的休闲娱乐活动。对旅游者来说，旅游娱乐是参观游览活动的必要补充，它使旅游活动的内容更加充实；对旅游目的地来说，它是一种文化的传播和交流，也是延长旅游者逗留时间、增加旅游收入的有效手段。

"食、住、行、游、购、娱"是在旅游活动发展的初期，旅游者提出的最基本的旅游需求。随着旅游者旅游经验的不断丰富，以游览、观光为主的旅游活动已经很难满足他们个性化的需求，他们对旅游提出了新的更高的要求。旅游者对目的地的选择更加理性，目的地旅游资源、旅游环境、文化体验、科技元素等都将影响着旅游者的旅游决策。可见传统的旅游活动六要素已经难以适应当前旅游发展的需要了。

## 四、旅游者的概念

旅游者是旅游活动的主体。作为旅游产品的购买者，旅游者是旅游业的服务对象。因此，对旅游者及其需求和行为特点的了解，不论是对旅游理论研究，还是对旅游业的经营与管理，都具有重要的现实意义。

### (一) 国际旅游者

#### 1. 国际联盟的规定

1937年，国际联盟的统计专家委员会(Committee of Statistics Experts of the League of Nations)对"国际旅游者"解释如下：国际旅游者是指"离开定居国到其他国家访问超过24

小时的人"。可列入国际旅游者统计范围的人员包括以下几种。

(1) 为消遣、家庭事务或健康原因而出国旅行的人。

(2) 为出席国际会议或作为公务代表而出国旅行的人(包括科学、行政、外交、宗教、体育等会议或公务)。

(3) 为工商业务原因而出国旅行的人。

(4) 在海上巡游途中停靠某国登岸访问的人员,即停留时间不足24小时的人(停留时间超过24小时的应另外分为一类,必要时可不管其长期居住何处)。

不可列为国际旅游者的人员包括以下几种。

(1) 到某国就业谋职的人,不管其是否订有合同。

(2) 到国外定居者。

(3) 到国外学习、寄宿在校的学生。

(4) 居住在边境地区、日常跨越国境到邻国工作的人。

(5) 临时过境但不作法律意义上停留的人,即使在境内时间超过24小时。

**2. 罗马会议的定义**

1963年,联合国在罗马举行的国际旅行与旅游会议(又称罗马会议),对上述定义进行了修改和补充,对旅游统计中来访人员的范围作了新的规范。这就是通常所说的界定旅游者的罗马会议定义,具体内容如下。

凡纳入旅游统计中的来访人员均称为"游客"(Visitor),指除为获得有报酬的职业外,基于任何目的到一个不是自己常住国家访问的人。

游客又分为两大类:一类是在目的地停留过夜的游客,称为"旅游者"(Tourist),指到一个国家短期访问至少逗留24小时的游客。其旅行目的可为以下之一:

(1) 消遣(包括娱乐、度假、疗养、保健、学习、宗教、体育活动等);

(2) 工商业务、家务、公务出使、出席会议。

另一类是在目的地不停留过夜,当日往返的游客,称为"短程游览者"(Excursionist),又称"一日游游客",指到一个国家作短暂访问,停留时间不足24小时的游客(包括海上巡游中的来访者)。

这一定义不包括那些在法律意义上并未进入所在国的过境旅客(如未离开机场中转轴区域的航空旅客)。国际联盟的统计专家委员会界定的不属于旅游者的五种人员继续适用。

这一定义的基本特征如下。

(1) 将所有纳入旅游统计的人员统称为游客,并具体规定包括消遣和工商事务两种目的的旅游者,从而使得旅游(Tourism)和旅行(Travel)这两个含义原本不同的术语趋于同化,扩大了旅游者的外延,有利于发展旅游产业。

(2) 对游客的界定不是根据其国籍进行的,而是依据其定居国或常住国界定的。

(3) 根据其在访问地的停留时间是否超过24小时,即是否过夜为标准,将游客划分为旅游者和短程游览者,在旅游统计中分别进行统计。

(4) 根据来访者的目的界定其是否应该纳入旅游统计之中。

1967年,联合国统计委员会召集的专家统计小组采纳了1963年罗马会议的定义,并建议各国都采用这一定义。世界旅游组织(UNWTO)成立后,也将罗马会议的定义作为本组织对应纳入旅游统计人员的解释。因此,在学术界又将其称为世界旅游组织的解释。

### 3. 我国的规定

随着1978年我国对外开放政策的实施，接待入境旅游迅猛发展的形势，旅游统计工作也被纳入政府的工作范畴。在我国的旅游统计工作中，1979年，国家统计局和国家旅游局曾对应纳入统计范围的人员做过一系列的界定和规定。目前在我国来华旅游人次统计方面，现行界定如下。

凡纳入我国旅游统计的来华旅游入境人员统称为(来华)海外游客。

海外游客包括来我国大陆观光、度假、探亲访友、就医疗养、购物、参加会议或从事经济、文化、体育、宗教活动的外国人、华侨、港澳台同胞。也就是指因上述原因或目的，离开其常住国(或地区)到我国大陆访问，连续停留时间不超过12个月，并且在我国大陆活动的主要目的不是通过所从事的活动获取报酬的人。其中，常住国(或地区)是指一个人在近一年的大部分时间所居住的国家(或地区)，或者虽然在一个国家(或地区)只居住了较短时间，但在12个月内仍将返回的这一国家(或地区)。在这一界定中，外国人是指属于外国国籍的人，包括加入外国国籍的中国血统的华人；华侨是指持有中国护照但侨居国外的中国同胞；港澳台同胞是指居住在我国香港、澳门和台湾地区的中国同胞。

按照在我国大陆访问期间停留时间的差别，海外游客可划分为以下两类。

(1) 海外旅游者，即在我国大陆旅游住宿设施内停留至少一夜的海外游客，又称为过夜游客。

(2) 海外一日游游客，即未在我国大陆旅游住宿设施内过夜，而是当日往返的海外游客，又称为不过夜游客。

下列人员不属于海外游客。

(1) 应邀来华访问的政府部长以上官员及随从人员。

(2) 外国驻华使领馆官员，外交人员及随行的家庭服务人员和受赡养者。

(3) 在我国驻期已达一年以上的外国专家、留学生、记者、商务机构人员等。

(4) 乘坐国际航班过境，不需要通过护照检查进入我国口岸的中转旅客。

(5) 边境地区(因日常工作和生活而出入境)往来的边民。

(6) 回大陆定居的华侨、港澳台同胞。

(7) 已经在我国大陆定居的外国人和原已出境又返回我国大陆定居的外国侨民。

(8) 归国的我国出国人员。

对比前述国际组织对应纳入旅游统计人员的界定和我国对来华海外游客的现行解释，可以看出，除了在各自的表述以及对某些术语的解释有所不同之外(如我国界定的海外旅游者实际将在亲友家过夜的来华旅游者排除于统计范围之外)，这些定义及解释的内容都大致相同。世界各国的情况也大都如此。可以说，世界上目前对国际旅游者的界定原则上已经有了统一的认识。

当然，在旅游统计的具体工作中，不同的国家可能会有不同的执行标准。以西班牙为例，西班牙接待的绝大部分旅游者都来自于欧洲，由于交通便利等因素，当日往返的游客在其中占了很大一部分，因此在其旅游统计中，采用的标准并非是过夜与否，而是以入境为标准。

## (二)国内旅游者

### 1. 世界各国对国内旅游者的定义

与国际旅游者的定义全世界基本趋于认识统一相比,国内旅游者的概念解释更多。世界上不同国家所给出的定义,多是依照本国的理解,按本国的情况给出的,可以说各不相同。

加拿大政府部门对国内旅游者的定义是:旅游者是指到离开其所居社区边界至少 25 英里(约 40.23 千米)以外的地方去旅行的人。这个定义同美国劳工统计局(USBLS)在其"消费者开支调查"中所使用的旅游者概念基本一致。

美国使用较广的旅游者定义是 1978 年美国国家旅游资源评审委员会(the National Tourism Resource Review Commission)提出的定义:旅游者指为了出差、消遣、个人事务或者由于工作上下班之外的其他任何原因而离家外出旅行至少 50 英里(单程,约 80.47 千米)的人,而不管其是否在外过夜。

世界旅游组织关于国内旅游者的定义,是世界旅游组织在 1984 年参照国际旅游者的定义做出的,采用的界定标准与国际旅游者的界定标准基本一致。在这一定义中,与国际旅客的划分类似,国内游客也被区分为国内旅游者(Domestic tourists)和国内短程游览者(Domestic excursionists)。国内旅游者是指在其居住国国内旅行超过 24 小时,但不足一年的人,其目的可以为消遣、度假、体育、商务、公务、会议、疗养、学习和宗教等。此后又补充规定,国内旅游者不包括那些外出就业的人。国内短程游览者是指基于任何以上目的在访问地逗留不足 24 小时的人。

### 2. 我国对国内旅游者的定义

我国的国内旅游统计中,旅游者是指任何因休闲、娱乐、观光、度假、探亲访友、就医疗养、购物、参加会议或从事经济、文化、体育、宗教活动而离开常住地到我国境内其他地方访问,连续停留时间不超过 6 个月,并且访问的主要目的不是通过所从事的活动获取报酬的人。在这一定义中,所谓常住地指的是在近一年的大部分时间内所居住的城镇(乡村),或者虽然在这一城镇(乡村)只居住了较短时间,但在 12 个月内仍将返回的这一城镇(乡村)。

国内游客分为以下两类。

(1) 国内旅游者,是指我国大陆居民离开常住地,在我国境内其他地方的旅游住宿设施内停留至少一夜,最长不超过 6 个月的国内游客。

(2) 国内一日游游客,是指我国大陆居民离开常住地 10 千米以外,出游时间超过 6 小时但又不足 24 小时,并未在我国境内其他地方的旅游住宿设施内过夜的国内游客。

下列人员不属于国内游客。

(1) 到各地巡视工作的部级以上领导。
(2) 驻外地办事机构的临时工作人员。
(3) 调遣的武装人员。
(4) 到外地学习的学生。
(5) 到基层锻炼的干部。
(6) 到其他地区定居的人员。
(7) 无固定居住地的无业游民。

我国对国内游客的定义和世界旅游组织的定义基本是一致的,但是我国对国际旅游统计方面所做的统计并未将在亲友家过夜的国内旅游者包括进去,所以,我国关于国内游客人次的统计数字可能低于实际规模。

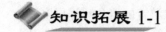

### 2019 年旅游业发展概况

中华人民共和国文化和旅游部正式发布《中华人民共和国文化和旅游部 2019 年文化和旅游发展统计公报》(以下简称《公报》)。《公报》显示,2019 年全年国内旅游人数 60.06 亿人次,同比增长 8.4%;入境旅游人数 14531 万人次,增长 2.9%;出境旅游人数 15463 万人次,增长 3.3%。全年旅游总收入 6.63 万亿元,同比增长 11.1%。

(资料来源:https://baijiahao.baidu.com/s?id=1670062006238151064&wfr=spider&for=pc)

## 第二节 旅游资源、产品与市场

### 一、旅游资源

#### (一)旅游资源的概念

旅游资源是旅游业发展的基础,关于旅游资源的定义有很多不同的观点,主要有以下几种。

(1) 凡是足以构成吸引旅游者的自然和社会因素,亦即旅游者的旅游对象或目的物都是旅游资源。(邓观利,1983)

(2) 旅游资源是指对旅游者具有吸引力的自然存在和历史文化遗产,以及直接用于旅游目的的人工创造物。(保继刚,1993)

(3) 自然界和人类社会凡能对旅游者产生吸引力,可以被旅游业开发利用,并可产生经济效益、社会效益和环境效益的各种事物现象和因素,均称为旅游资源。(国家旅游局 2003 年颁布的《旅游规划通则》)

对旅游资源的定义比较确切和规范的是"所谓旅游资源是指:自然界和人类社会,凡能对旅游者有吸引力、能激发旅游者的旅游动机,具备一定旅游功能和价值,可以为旅游业开发利用,并能产生经济效益、社会效益和环境效益的事物和因素"。(国家旅游局和中国科学院地理研究所制定的《中国旅游资源普查规范(试行稿)》)

#### (二)旅游资源的分类

一般将旅游资源按属性分为自然旅游资源与人文旅游资源两大类,即所谓的二分法。具体分类如下。

**1. 自然旅游资源**

自然旅游资源是指自然天成的、存在于自然环境中,能够吸引人们前往旅游的天然景观。主要包括:①地表类,包括典型地质构造、标准地层剖面、古生物化石点、山岳、峡谷、峰林、石林、土林、火山、沙漠、沙滩(海、河滩)、岛屿、洞穴、丹霞景观、风蚀风光、海蚀风光等；②水体类，包括海洋、冰川、河湖、瀑布、溪潭、名泉、浪潮等；③生物类，包括森林、草原、古树名木、花卉、园艺、珍稀植物群落、特殊物候景观、野生动物(群)栖居地等；④气象气候类，包括宜人气候旅游资源(如避暑胜地、避寒胜地、空气清新地)及冰雪、佛光、蜃景、云海、雾海、雾凇、雪景、雨成景观、风成景观等气象类旅游资源；⑤太空天象胜景类，如极光、日出(落)、日(月)食、彗星、流星雨等奇观。

知识链接1-1

#### 2. 人文旅游资源

人文旅游资源是指吸引人们产生旅游动机的人为因素形成的物质形态与精神形态旅游资源。主要包括：①历史类，包括人类历史遗址、古建筑、古园林、古陵墓、石窟岩画、古代工程遗迹等；②民俗民情类，包括有地方特色和民族特色的建筑(村寨、民居)、服饰、歌舞、节庆、集市、风俗等；③宗教类，包括宗教建筑、宗教活动、宗教园林、宗教艺术、宗教文化等；④休憩服务类，包括现代园林、休疗养设施、名菜美食、特殊医疗等；⑤文化娱乐类，包括文化设施、娱乐设施以及相关活动；⑥近现代人文景物类，包括近现代革命活动遗址、纪念塔(馆)、有意义的近现代建筑及造型艺术作品，以及交通、购物、体育、商务与会议旅游资源。

知识链接1-2

## 二、旅游产品

### (一)旅游产品的含义

市场营销大师菲利普·科特勒认为："产品是指人们为留意、获取、使用或消费而提供给市场的一切东西，以满足某种欲望和需要。产品包括有形的物体、服务、人员、地点、组织和构思。"比如滑雪橇、理发、摇滚音乐会以及夏威夷度假都是产品。可见，产品这一概念在现代市场中拥有丰富的内涵和形式，既有有形的实物产品，也有无形的服务产品，还有些产品甚至只是一个概念、一种感受或者一段经历。同其他产业一样，旅游业以及其中的旅游企业都有自己的产品，这些产品从实践角度都可被界定为旅游产品。对旅游学进行研究需要从理论上回答什么是旅游产品、旅游产品不同于其他产品的特殊性等相关问题。那么，什么是旅游产品呢？研究者从不同的角度出发给予其不同的定义。

从旅游者的角度，林南枝和陶汉军认为，旅游产品是指"旅游者花费了一定的时间、费用和精力所换取的一项经历"。从旅游目的地的角度，旅游产品是指"旅游经营者凭借着旅游吸引物、交通和旅游设施，向旅游者提供的用以满足其旅游活动需求的全部服务"；也有的表述为"旅游产品是旅游目的地为游客提供一次旅游活动所需要的各种单项产品和服务的总和"。

从旅游经营者的角度，申葆嘉认为，旅游产品是指"旅游服务诸行业为满足旅游者游程中的生活和旅游目的的需要所提供的各类服务的总称"。除此之外，还有广义和狭义旅游产品的区分。广义的旅游产品是指上文从经营者角度所界定的概念；狭义的旅游产品即旅游商品，也就是旅游购物品。

李天元指出，国际旅游学术界的有关研究普遍认为，对于旅游产品的概念，需要从两个层次上理解，一是总体旅游产品(the total tourist product)，二是单项旅游产品(the specific tourist product)。总体旅游产品的概念首先从需求方提出，从需求角度看，它是旅游者从离家外出开始直至完成全程旅游活动并返回家中为止这一期间的全部旅行经历的总和。从供给角度看，总体旅游产品是指旅游目的地为满足来访旅游者的需要而提供的各种旅游活动接待条件和相关服务的总和。那么综合来看，所谓总体旅游产品就是旅游者在离家外出期间，以在旅游目的地的访问活动为核心，构成一次完整旅游经历的各种有形因素和无形因素的集成或总和。在旅游者看来，这一总体产品乃是通过支付其价格便可获得的一次完整的旅游经历。单项旅游产品，也称具体的旅游产品，是基于旅游企业的立场而提出来的，它是指旅游企业借助一定的设施和设备面向市场提供的服务项目。

### (二)旅游产品的分类

从不同的角度对旅游产品进行划分，可以有不同的分类，这反映了不同的观察角度，也反映了旅游产品本身的综合性特征。

(1) 从旅游服务企业销售方式和价格的形式来看，旅游产品可分为包价旅游产品和单项服务产品。

包价旅游又可分为团体包价旅游和散客包价旅游。团体包价旅游是指15人以上的旅游者组团，将行、游、住、食、娱等活动以包价形式支付，由旅游企业统一进行接待服务。散客包价旅游是指单个或几个旅游者或家庭旅游者通过旅游企业的外出旅游全包价或有选择的部分包价。团体旅游者和散客旅游者所需的服务通常有一定差异，前者多选择综合性服务，后者的选择比较灵活。单项服务产品是指旅游企业为旅游者提供的诸如住宿、餐饮等单项服务或者票务等委托代办服务。一般来说，包价旅游产品的购买形式表现为旅游者一次性购买，逐步消费，即游客在向组团社交纳团费之后，按照约定好的旅游线路和日程安排依次享受旅游产品供给者所提供的服务。散客包价旅游虽然有较大的灵活性，但整体的形式大致相同，单项旅游产品的购买是游客根据其需要向旅游目的地不同的旅游供给部门进行分别购买，如向饭店订购房间、向餐饮部门购买食物、向景点购买门票等。单项旅游产品的购买者大多是真正意义上的散客，这种散客不同于散客包价旅游中的散客，他们对旅游产品的购买往往不通过其常住地的旅行社。需要说明的是，随着旅游发展水平的不断变化，旅游企业的产品形式也会随着市场需求的变化而不断调整。

(2) 按照游客需要程度划分，旅游产品可分为基本旅游产品和非基本旅游产品。

基本旅游产品是指大多数游客在旅游过程中都需要或者说需要程度差异较小的产品和服务，主要包括住宿、交通、餐饮、游览等。这部分产品和服务在游客的旅游活动中占据着重要的地位，对大多数游客来说都是必不可少的，在需要程度上的收缩性较小，即需求弹性小。非基本旅游产品是指并非大多数游客都需要或者说需要程度差异较大的产品和服务，例如购物、医疗、邮电通信、美容美发、修理等。这部分产品和服务在游客的旅游活动中不占主要地位，对不同的游客来讲，其需要程度的伸缩性很大。但在有些情况下，非基本旅游产品也可能成为旅游活动中大部分游客的通常性需求，例如，人们前往购物天堂香港旅游时，购物就可能成为该旅游活动中不可或缺的重要构成。又如，对疗养旅游者而言，作为非基本旅游产品的医疗服务就成为其主要的需求。

(3) 从旅游者活动与旅游资源的结合方式及旅游目的的差异来看，旅游产品可以分为观光旅游、度假旅游、体验旅游、特种旅游和专项旅游产品。

观光旅游产品以参观游览各种自然与文化景观为主，旅游者通过视觉观察来满足自己的旅游需求；度假旅游产品更注重旅游者对旅游资源的享受，如享受阳光、海水、沙滩，在旅游地的娱乐与休闲中度过假期；体验旅游产品是指为游客提供参与性和亲历性活动，使游客从感悟中感受愉悦；特种旅游产品的形式很多，例如组织旅游者自备或自驾交通工具，通过非开放地区作长距离观光旅行等；专项旅游产品包括组织旅游者参加以科学研究、文化交流、考察探险、体育竞技等为主要目的的旅游服务项目。

相关案例 1-1

## 三、旅游市场

### (一)市场与旅游市场的概念

市场是一个商品经济的范畴，凡是存在社会分工和商品交换的地方，就有市场。对于市场的概念有不同的解释，通常有以下几种。

(1) 市场是商品买卖的场所。

(2) 市场是商品交换关系的总和，是不同的生产资料所有者之间经济关系的体现。它反映了社会生产和社会需求之间、商品供求量和有支付能力的需求之间、生产者和消费者之间及国民经济各部门之间的关系。

(3) 市场是在一定的时间、地点以及在一定的人群或企业之间决定商品交易数量与性质的条件。这种条件包括可供商品量(或可供的服务能力)，对可供商品的需求、价格，以及有政府或其他组织机构参与的管理。

(4) 市场是指某一特定产品的经常购买者或潜在购买者。

(5) 市场是指具有某些相同特点、被认为是某些特定产品的潜在购买者的人群。

旅游市场是随着旅游经济活动的产生而产生的。在旅游业和旅游研究中，旅游市场有广义和狭义之分。广义的旅游市场是指旅游者和旅游经营者之间围绕旅游商品交换所产生的各种现象和关系的总和；狭义的旅游市场是指旅游商品的实际购买者或潜在购买者，也就是我们所说的旅游客源市场或旅游需求市场，偶尔也指旅游供给市场。

### (二)旅游市场的划分方法

#### 1. 以地理因素为标准进行划分

以地理因素为标准划分是一种传统的至今仍普遍使用的旅游市场划分方法。这种划分方法比较简单易行。旅游企业的接待对象都是来自世界各地的、各个国家和地区的旅游者，对旅游产品和服务的需求具有很大的差别性。因此，了解一个国家或地区的地理环境因素对选择旅游市场起着重要的作用。地理细分因素包括地区、气候、人口密度和城乡差别等。

1) 按地区细分

从国际旅游市场来看，世界旅游组织将世界旅游市场划分为六大旅游区域，即东亚及太平洋旅游市场、南亚旅游市场、中东旅游市场、欧洲旅游市场、美洲旅游市场和非洲旅游市场。在这六大旅游市场中，欧洲旅游市场与美洲旅游市场最为繁荣，东亚及太平洋旅游市场发展速度最快。

从客源国和接待国之间的距离来看，旅游市场可分为远程市场和近程市场。一般而言，远程旅游需要的时间较长，旅游消费较高。近程旅游是指各旅游客源国和目的国之间短距离的旅游活动，甚至是相邻国家的旅游活动。近程旅游由于旅途时间短，旅游花费少，已成为世界旅游市场中最为活跃的旅游市场，特别是邻国旅游市场。

从游客国别来看，旅游市场可分为国内旅游市场和国际旅游市场。国内旅游是指组织国内居民在国内进行游览旅行的活动。国际旅游是指接待外国旅游者到本国及本国居民出境进行游览的活动。国内旅游市场与国际旅游市场是相互联系、相互制约的统一的市场。国内旅游市场是国际旅游市场的基础，国际旅游市场是国内旅游市场的延伸。

从国际游客流向来看，旅游市场可分为一级市场、二级市场和机会市场。一级市场是指一个目的地国家接待的旅游者人数在接待总人数中占比例最大的两三个国家或地区的旅游市场；二级市场是指在目的地国家接待总人数中占相当比例的旅游市场；机会市场是指到某目的地国家的人数很少，有待于进一步开发的旅游市场。

  2) 按气候环境因素细分

在构成自然旅游资源的重要因素中，地形地貌与气候起主导作用。以气候为主导因素的自然旅游资源是最具有吸引力的。许多地处寒冷地带的国家或地区的旅游者，他们把寻找阳光、温暖和湿润空气作为主要旅游目的，如地中海地区、加勒比海地区、夏威夷等地每年吸引成千上万的旅游者前往，主要是因为那里气候宜人，并能为旅游者提供海滩、阳光等良好的自然条件。相反，生长在南方的旅游者对北方的冰雪风光更感兴趣。

  3) 按人口密度和城乡差别细分

世界各国人口密度悬殊，即使同一国家和地区人口密度也不均匀。一般来说，人口众多、空间狭小、人口密度大的地区出外旅游的可能性要大得多。按城乡差别可将旅游市场细分为城市旅游市场和乡村旅游市场。城市居民要求旅游的人数比乡村多，占城市总人口的比例也比乡村多，主要原因是：第一，城市居民收入水平高，出游经济条件较好；第二，城市交通发达，信息灵通。

### 2. 以旅游消费者的某些特点为标准进行划分

  1) 按人口统计因素划分

（1）按年龄细分。不同年龄段的旅游者对旅游内容、旅游价格、旅游时间、旅游方式等有明显的需求差别，并随着年龄的增长而不断发生变化。根据旅游者年龄结构，将旅游市场细分为老年旅游市场、中年旅游市场、青年旅游市场和儿童旅游市场。

（2）按性别细分。旅游市场可分为男性旅游市场和女性旅游市场。男性旅游者与女性旅游者对旅游服务和项目的需求表现出一定的差别。女性喜结伴出游，喜好购物，对价格较敏感。女性将成为旅游市场的重要客源目标。据有关资料表明，家庭旅游决策常由女性决定。近年来，众多旅游企业大力开发女性旅游市场，尤其是女青年旅游市场，组织她们到世界著名的旅游胜地观光和购物旅游。一些度假地甚至开办了专为女性服务的饭店。

（3）按收入、职业、受教育程度细分。可自由支配收入是旅游的必要条件，从这一点来看，对于一个旅游者，收入在很大程度上决定着他的旅游活动的最终实现，同时也会影响他对旅游目的地和消费水平的选择。职业对旅游需求的影响也较大，主要影响着旅游时间和方式的选择。如教师、学生一般会利用寒暑假旅游；管理人员、技术人员、商务人员则多具有公务和商务旅游的需求。个人受教育程度对旅游的需求也有影响。受教育的程度越高，旅游需求的层次越高。

（4）按家庭结构细分。家庭是消费的基本单位，家庭结构、规模和总收入等情况都会直接影响旅游需求。

2) 按旅游心理特征划分

(1) 按生活方式细分。生活方式是指人们的生活格局与格调，集中表现在他们的活动、兴趣和思想见解模式上，是人们在所处社会环境中逐渐形成的。按生活方式来划分旅游市场主要是根据人们的不同生活习惯、消费倾向、对周围事物的看法及人们所处生命周期来决定，由于人们的生活方式的不同必然带来旅游需求的差异性，因此，把生活方式雷同的旅游者作为一个市场群体，有计划地提供符合该市场需求的旅游产品和服务，有针对性地满足顾客需要，从而扩大市场占有率。

(2) 按社会阶层细分。各社会阶层的区别主要表现在各自具有不同的心理行为上，也就是说，每一阶层的成员都具有类似的价值观、兴趣和行为。不同的阶层对旅游活动、旅游消费水平和档次的选择也表现不同。

(3) 按性格细分。性格也是影响旅游动机的重要因素之一。在划分市场时，按性格划分是很有必要的，有助于我们根据客人的不同需求开发新的旅游项目，如针对部分性格刚强、乐于冒险的游客，可以开发探险与猎奇旅游项目，以满足这部分游客的需要。

3) 按旅游者的旅游行为划分

(1) 按购买时间和方式细分。根据旅游者出游的时间、购买旅游产品的渠道及旅游方式来划分旅游市场。由于旅游活动的时间性、季节性非常突出，按购买时间可划分为旺季、淡季及平季的旅游市场，还可分出寒暑假市场，以及节假日市场(如春节、元旦、双休日等)。购买方式是指旅游者购买旅游产品过程的组织形式和所通过的渠道形式。依此可分为团体旅游市场和散客旅游市场。其中散客旅游已发展成为世界旅游市场的主体，在这一市场中，旅游形式也日益复杂多样，包括独自旅游、结伴同游、家庭旅游、小组旅游、自驾车旅游、徒步旅游等。

(2) 按旅游者的目的细分。按旅游者出游的主要目的，可将旅游市场细分为以下几种。

- 观光旅游市场。这类旅游者的旅游目的主要是了解异国他乡的历史、文化、风俗风情以及参观游览当地的自然景观。观光旅游市场是传统旅游市场。
- 会议、商务旅游市场。这类旅游者的需求量受价格影响较小，消费水平高，目的地则以大城市为主。
- 休闲度假旅游市场。休闲度假旅游是当今旅游市场中的主流旅游活动方式，其主要目的是休养生息。这一市场的旅游者停留时间长，且重复旅游者占比很大。
- 探亲访友旅游市场。这一市场旅游者的目的是探亲访友或寻根问祖，不太受各种营销活动的影响。

相关案例 1-2

## 本章小结

旅游学中几个基本的概念有旅游、旅游者、旅游资源、旅游产品和旅游市场。本章给出了关于这些概念的不同说法，其中有代表性的概念如下：旅游是人们出于移民和就业任职以外的其他原因，暂时离开自己的常住地，前往异国他乡旅行游览和逗留的活动。旅游者分为入境旅游者和国内旅游者，我国在进行旅游统计中凡纳入我国旅游统计的来华旅游入境人员统称为(来华)海外游客,具体指来我国大陆观光、度假、探亲访友、就医疗养、购物、参加会议,或从事经济、文化、体育、宗教活动的外国人、华侨、港澳台同胞;国内旅游者是指任何因休闲、娱乐、观光、度假、探亲访友、就医疗养、购物、参加会议或从事经济、文化、体育、宗教活动而离开常住地到我国境内其他地方访问,连续停留时间不超过 6 个月,并且访问的主要目的不是通过所从事的活动获取报酬的人。旅游资源是指自然界和人类社会,凡能对旅游者有吸引力、能激发旅游者的旅游动机,具备一定旅游功能和价值,可以被旅游业开发利用,并能产生经济效益、社会效益和环境效益的事物和因素。旅游产品是指旅游服务诸行业为满足旅游者游程中的生活和旅游目的的需要所提供的各类服务的总称。旅游市场是指旅游者和旅游经营者之间围绕旅游商品交换所产生的各种现象和关系的总和。

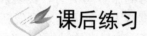

## 课后练习

1. 旅游的定义有哪些?
2. 旅游的"六要素"包括哪些内容?
3. 举例说明比较有代表性的旅游资源。
4. 旅游市场的划分方法有哪些?

# 第二章

## 旅游发展的历史沿革

【学习目标】

通过本章的学习,要求学生了解19世纪以前的旅行活动、近代旅游活动的兴起和发展;重点掌握现代旅游活动的兴起和发展,以及中国旅游业的发生与发展等。

【关键词】

近代旅游　现代旅游　托马斯·库克

旅游学基础

> **案例导入**

### 澳门旅游局举办系列活动庆祝"世界旅游日"

据《澳门日报》报道,为响应"世界旅游日",澳门旅游局举办系列活动与世界各地一同庆祝,包括接待幸运旅客、传统托盘比赛及"世界旅游日"晚宴,连串活动融入美食元素,并推出"美食地图",为澳门旅游业可持续发展起到了积极的推动作用。

澳门旅游局副局长程卫东、许耀明等代表到外港客运码头,向幸运旅客送上纪念品。来自英国的旅客表示,首次访澳,打算到旧城区参观,接触澳门本地居民,并品尝澳门美食。

同时,澳门旅游局宣布推出"美食地图"网站。澳门于去年获得联合国教科文组织创意城市"美食之都"称号,为配合"2018 澳门美食年",推出"美食地图",以网页地图呈现多款美食佳肴,方便旅客游走澳门大街小巷寻找美食。并以"论区行赏"步行路线为基础,与澳门本地网络红人合作,搜罗特色美食,分享旅游美食体验,借此吸引旅客分流到各区寻找美食,刺激消费。

程卫东受访时表示,当局积极推动"一程多站",近年来,欧洲旅客数量平稳,但占澳门的整体比例不高,当局日后将加强工作,探索及开拓北欧市场。认为"美食地图"能提供更多选择给旅客,未来将整合资源,丰富现有手机软件程序,为旅客带来便利。

澳门旅游局于晚上 7 点在澳门旅游塔会展娱乐中心三楼宴会厅举办世界旅游日晚宴,社文司司长谭俊荣出席。局方也邀请旅游业界代表、相关部门负责人等数百位嘉宾出席,晚宴特设各旅游企业呈献的表演环节。旅游局局长文绮华致辞时感谢业界在早前台风"山竹"袭澳时主动配合特区政府相关工作,在事前预备及善后工作方面,分担了许多社会责任,希望特区政府与业界继续保持良好沟通和协作,共同努力推动旅游业进步。

文绮华提到,今年旅游日的主题为"旅游业与数字化转型",期望未来可加入更多智能旅游项目及推广手法,丰富旅客体验,并更可及时地传递更多实务信息。文绮华建议业界除了在活动中结合美食元素,可加入更多创新卖点,令整个旅游行业可持续发展。

自 1980 年起,世界旅游日定为每年 9 月 27 日,目的是促进国际社会更好认识旅游业的重要性及其社会、文化、政治和经济价值。今年全球有上百个国家及地区举办活动响应世界旅游日,官方活动则在匈牙利布达佩斯举行,旨在让决策者及国际社会更加认识到可持续旅游业对促进发展的重要性。

(资料来源:http://www.chinanews.com/ga/2018/09-28/8638565.shtml)

**辩证性思考**

1. 世界旅游日设定的目的是什么?
2. 旅游的发展历史可以追溯到什么时期?

## 第一节 19 世纪以前的旅行活动

纵观世界旅游发展的历史,旅游活动从早期人类的迁徙活动开始萌发,历经古代、近代和现代社会的不断演进和发展,已形成综合性和产业化发展规模的现代旅游活动,成为世界经济社会发展的一个潜力巨大的重要的产业集群领域。

现代意义的旅游既与早期的人类迁徙活动有着本质的不同，也与古代的旅行活动有着严格的区别。然而，要探索旅游的产生和发展又不能不谈到早期人类的迁徙活动和古代的旅行活动。

## 一、迁徙与旅行的出现

在原始社会的早期，由于劳动工具极其简陋，生产力水平非常低下，人类只能靠狩猎和采集艰难地维持生存，其生计尚处于无法保障的状态。因此，这种低下的生产方式决定了人类最基本的生存方式——逐水草而迁徙。在这一历史演变过程中，人类不得不依靠集体的力量来抗衡自然，维持生计。在这种情况下，尽管人类不断出现从一个地方迁徙到另一个地方的活动，但都是因为自然因素(如气候、自然灾害等)和特定的人为因素(如部落纷争等)被迫进行的，都是为了最基本的生存需要。这种迁徙显然不是旅行活动，而是古代生产活动的构成部分。

新石器时代，随着生产工具的改进、生存方式的变化，开始出现了原始饲养业和原始农业，并最终导致人类历史上第一次社会分工的出现——农业和畜牧业开始分工。随着劳动工具的改进和原始手工业的出现和发展，手工业从农业和畜牧业中分离出来。正是由于生产力的不断发展，使得劳动剩余出现并不断增多，进而促使了交换的出现，且交换的种类和数量也随之逐步扩大。在这种情况下，交换本身已经演变成一种重要的社会职能，促使原始商业出现，并在发展中从农业、畜牧业和手工业中分离出来。无疑，古代社会的三次分工促进了人类社会的发展，尤其是古代商业的出现和发展，孕育着古代旅行活动的出现和发展。因为人们需要通过旅行来了解其他地区的生产和需求情况，并通过旅行活动与其他地区交换各自所需要的物品，满足自己的生活所需。

由此可见，人类最初的旅行活动只是出于物品交换性质的易货贸易和了解异地情况的基本需要。用今天的眼光来看，它主要是一种经济目的的旅行活动。

知识链接 2-1

## 二、奴隶社会的旅行活动

在人类社会发展史上，尽管奴隶制社会是一个非常残酷的社会，但也是人类社会发展的一个巨大进步。正如马克思所说，在当时的条件下，采用奴隶制是一个巨大的进步，因为它实现了社会生产在各行业之间、体力劳动和脑力劳动之间更深入更细致的分工，提高了生产力水平，促进了商业交换的扩大，促使艺术和科学的进一步发展，客观上也为旅行的发展提供了一定的物质条件。

关于奴隶制社会中旅行的发展，最典型的是古罗马帝国时期，这是西方奴隶制社会旅行发展的鼎盛时期。这一时期，古罗马帝国的对外扩张已告结束，疆域面积空前扩大，社会秩序相对稳定，社会经济有了较快的发展。尤其是修筑了规模庞大的道路网络，使得陆路和水路交通空前便利，加之客栈和旅店的快速发展，以及货币的统一都给旅行带来了极大的便利，大大促进了旅行的快速持续发展。当然，当时的旅行基本上都是在国境内进行，而且大多数都是经商性质的旅行。但这一时期也有国家之间的商业旅行活动，如北欧的琥珀、非洲的象牙、东方的香料及宝石等奢侈品的贩运旅行。我国的丝绸当时就是通过有名的"丝绸之路"远销罗马帝国各地的。然而，从公元 5 世纪开始，随着罗马帝国的逐渐衰亡和社会秩序的动荡，旅行的条件陆续丧失。这不仅表现为贸易数量和旅行者数量不断减少，还表现为道路日渐毁坏，盗匪横生。

中国的奴隶制社会时期，旅行的出现和发展与西方大体相同，但中国奴隶制社会的形成要早于西方国家。在中国奴隶制社会鼎盛时期的商代，由于生产工具和生产技术的进步，社会分工的细化，使得劳动效率大大提高，从而使商朝成为我国历史上奴隶制社会经济发展比较繁荣的一个时期。正是由于剩余劳动产品的不断增多，刺激了交换活动的较快发展，进而也促进了以交换为目的的生产活动的开展和不断扩大。在这一发展过程中，尤其是商人阶层的不断壮大，使得以贸易经商为主要目的的旅行活动有了很快的发展，也使商代成为我国古代旅行发展最活跃的一个时期。

当然，在奴隶制社会除了这种以产品交换和易货贸易为目的的旅行活动外，奴隶主阶层的享乐旅行也比较盛行，如奴隶主阶层的外出巡视和游历，无疑就是以消遣为主要目的的旅行活动。我国《易经》上记载的"观国之光"等语，就是反映这种享乐旅行的。

## 三、封建社会时期旅行活动的发展

无论是中国的封建社会还是西方的封建社会，都经历了一个漫长的发展过程，旅行活动在这一时期也经历了曲折的发展过程。

欧洲的封建社会是一个非常落后和残酷的社会，旅行活动在这一时期呈现出萎缩趋势。这是因为社会人口绝大多数的农民基本上都是农奴，既无人身自由，更无外出活动的自由；加之自然经济的性质十分突出，一个村子就是一个闭塞的经济单位，与外界几乎隔绝，交换活动很少。尽管从 11 世纪到 14 世纪，欧洲经济有了较大发展，但由于其间无休止的战乱，旅行活动的规模始终难以达到古罗马帝国时期的水平。

13 世纪的欧洲开始呈现出复兴的端倪，外交、贸易旅行逐步发展起来。从 13 世纪 40 年代起，西欧各国相继派出了传教士前往海外，这些使者不仅肩负着传播宗教的使命，同样也承担着外交的使命。米兰首先在意大利的北部城市设立常驻大使馆，其后又从意大利出发，将其逐渐扩展到欧洲其他国家，各个大国开始互派代表，外交旅行日益兴盛起来。欧洲经济在当时已经发展到了较高的水平，对外贸易也随之增长。德国、英国、荷兰、挪威、西班牙、葡萄牙等欧洲各国之间的贸易往来频繁。1241 年，德国北部的两个城市吕贝克和汉堡首先结成联盟，共同保护水路和陆路贸易线路的安全，抵御车匪路霸及波罗的海和北海海盗的袭击。之后，越来越多的城市陆续加入这一贸易联盟，在鼎盛时期，其成员达到了 60 多个，极大地促进了波罗的海、北海和北欧大部分地区的贸易活动快速发展，贸易旅行日益昌盛。欧洲国家与东方国家的贸易活动同样发展迅速，大量的商人频繁地往返于欧亚之间。马可·波罗就是其中的典型代表。马可·波罗出生于意大利商业城市威尼斯的一个商人家庭，1271 年，他跟随父亲和叔父前往中国经商。他们由威尼斯起程，经地中海、小亚细亚半岛、亚美尼亚、底格里斯河谷，到达伊斯兰教古城巴格达，再由此沿波斯湾南下，穿越伊朗高原、帕米尔高原，经中国敦煌、酒泉、张掖、宁夏等地，历时三年半，于 1275 年夏抵达元大都，觐见元世祖忽必烈，并得到忽必烈的信任，成为其臣下。忽必烈对他很器重，除了让他在京城大都当差外，还几次安排他到国内各地和一些邻近国家进行游览和访问。1295 年，马可·波罗回到了威尼斯，留下了著名的《马可·波罗游记》。

15世纪，出于对黄金和东方贸易发展需求的不断增加，欧洲人开始了开辟新航路的探索。随着欧洲商品经济的日益发展和资本主义萌芽的产生，黄金日益取代土地成为社会财富的主要标志。受《马可·波罗游记》的影响，欧洲人把东方看成是遍地黄金的人间天堂，希望到东方去实现黄金梦的人比比皆是，再加上奥斯曼帝国占领了巴尔干、小亚细亚及克里米亚等地区，控制了东西方之间的通商要道，导致了欧洲市场上东方商品的价格猛涨。于是，欧洲商人渴望开辟另一条通往东方的商路，哥伦布、达·迦马、麦哲伦等航海家开辟了新航路的远洋旅行。这一时期的航海旅行，兼有探险、考察的性质。

16世纪后期开始，欧洲的旅行活动有了新的发展。在英国，贵族子弟完成规定的学业后，都会渡过英吉利海峡，前往巴黎、罗马、威尼斯以及佛罗伦萨等欧洲大陆的城市进行游学旅行。他们在随行导师的引导下，参观大教堂、古代城堡和美术馆，认识西方文明史。在此期间，他们也要学习不同的语言，参加各种社交活动，并被介绍给欧洲的贵族们。这种游学旅行通常要花费长达数月甚至数年的时间，被称为"Grand Tour"。除了以教育为目的的旅行外，以保健为目的的旅行也开始出现。1562年，英国医生威廉·特纳发表了一份研究报告，谈到天然温泉对各种体痛症状的治疗效果。这份报告的发表，在当时的英国乃至欧洲引起了温泉旅行的热潮，洗温泉浴成为一种流行的时尚。

中国的封建社会经历了2000多年的历史，其间除了分裂和战乱的年代之外，各统一朝代的社会政治相对比较稳定，生产技术和社会经济较前都有了很大的发展。无论在农业生产技术、水利工程技术方面，还是在手工业、冶炼、纺织、造纸、瓷器生产等方面，都曾领先于当时的西方世界，这些都为当时社会旅行的发展提供了物质基础和社会条件。

从我国的历史典籍和有关文学作品中所描述的"商旅"一词的广泛使用情况来看，这一时期以经商为目的的旅行活动仍然占据主导地位。当然，这一时期的宗教旅行和专门的考察旅行也比较盛行，如西汉历史学家和文学家司马迁的游历活动和张骞的出使西域，久负盛名的晋代法显、唐代玄奘、鉴真的宗教旅行，明代医学家李时珍的药物考察，地理学家徐霞客的地理考察，以及著名的"郑和下西洋"等，都是这类考察活动的典型。

从上面的论述中可以看出，封建社会时期世界范围内旅行的发展是不平衡的，但也表现出一些规律性的特点：一是旅行活动的发展同国家的政治经济状况有着直接的关系，比如在政治安定、生产力发展、经济繁荣的统一时期，旅行活动就会较快发展；二是以贸易经商为主要特征的旅行活动仍占据主导地位，尽管这一时期各种非经济目的的旅行活动仍然有了新的发展和扩大，但与经济目的的旅行活动相比还不占主导地位。

知识链接 2-2

## 第二节　近代旅游活动的兴起和发展

近代社会是世界旅游产生和发展的一个重要时期。从19世纪开始，旅行活动的发展在很多方面都已表现出今天意义上旅游的一些特点；其中很重要的就是表现在以消遣为目的的外出访问活动在规模上迅速发展，并超过了以商务旅行为代表的经济目的的访问活动。

### 一、工业革命对近代旅游发展的影响

18世纪60年代，工业革命首先在英国开始，并于19世纪30年代基本完成。之后，美、

法、德、日等国的工业革命也在 19 世纪内陆续完成。工业革命不仅极大地推动了生产技术和生产关系的巨大变革,而且极大地促进了生产力的迅速发展,提高了生产的社会化程度。

  国际上许多旅游研究专家认为,近代旅游的出现和发展与工业革命所产生的影响密切相关,这种影响主要体现在以下几个方面。

  首先,工业革命促进了交通条件和设施的巨大变化,推动了较大范围和较远距离的旅行活动的开展。我们知道,蒸汽机的发明是工业革命的重要标志,而蒸汽机的改进和应用很好地解决了交通运输的动力问题,促使新的交通运输方式产生。尤其是 1825 年世界上第一条铁路的出现,开创了现代化陆路运输的新纪元,并成为近代旅行发展的一个重要标志。到 1850 年,世界上共有 15 个国家修建了铁路,蒸汽轮船、蒸汽火车已成为重要的交通运输工具,并表现出速度快、成本低、运量大等特点。

  其次,工业革命极大地推动了城市化进程,促进了人们生活观念和生活方式的重大变化以及城乡之间的人员流动,也刺激了旅游的发展。由于工业革命带来了机器化、流程化、规模化生产方式的发展,从而吸引了大量的农村人口涌向城市就业,使得城市的膨胀速度加快。正是由于工业化和城市化发展形成的繁忙的工作氛围、紧张的工作节奏,使得越来越多的人需要通过外出休息来调节生活节奏,缓释身心压力。在这种情况下,旅游成为一种重要的调节方式。

  最后,工业革命带来了阶级关系的重大变化,客观上促进了旅游规模的扩大。在工业革命之前,只有地主阶级和封建贵族才有金钱和时间从事非经济目的的消遣性旅游活动。然而,工业革命造就了工业资产阶级,并使之成为新的统治阶级,从而使社会财富不再只是流向封建贵族和大地主阶级,而是越来越多地流向新兴的资产阶级。因此,这一重大变化使得在经济上有条件外出旅游消遣的人数有了明显的增加。与此同时,工业革命在造就了工业资产阶级的同时,也造就了大批靠出卖自身劳动力的工人。随着生产力的发展和剩余价值的逐步增多,特别是工人阶级为争取自己的权益而进行不懈抗争,使得资本家在增加工人工资和包括传统节日带薪休假在内的权益等方面不得不做出更多的让步。

  所有这些都在客观上促进了休闲度假等旅游活动的开展,也使参加旅游活动的人员构成发生变化,人数迅速增加。

## 二、近代旅游的发展

  随着旅游人数的不断增加,人们旅游需求的增长与旅游供给和旅游服务的缺乏之间的矛盾开始逐步凸显。

  英国的托马斯·库克可以说是寻求这一矛盾解决途径的第一人。1845 年,托马斯·库克在英国的莱斯特正式创办了世界上第一家旅行社——托马斯·库克旅行社,开始专门从事旅行代理业务,成为世界上第一位专职的旅行代理商。旅行社的出现标志着近代旅游业的诞生。由于托马斯·库克对旅游业的突出贡献,他也被尊称为"世界旅行社之父"。

  在托马斯·库克组织旅游活动的影响下,19 世纪下半叶,许多类似的旅游组织在欧洲大陆纷纷成立。1857 年,英国成立了登山俱乐部,1885 年又成立了帐篷俱乐部;1890 年,德国组建了观光俱乐部;1898 年,旅游国际联盟正式成立;美国"运通公司"从 1850 年起兼营旅游代理业务,并于 1891 年开始发售与现在使用方法相同的旅行支票。到 20 世纪初,美国"运通公司"和以比利时为主成立的"铁路卧车公司",成为当时与通济隆公司齐名的三大旅游代理公司之一。当然，随着旅行社行业的发展和旅游需求的不断增大，很多其他形式的旅游企业和旅游设施也不同程度地有了新的发展。

综上所述，近代旅游的发展具有以下几个重要特征。

其一，旅游交通工具的不断创新为旅游业的发展提供了重要条件。尤其是火车、汽车和飞机的发明，大大提高了旅游的运输能力。

其二，旅游组织形式的创新为旅游业的发展提供了重要的组织载体和旅游服务形式。这一时期旅行社等组织的纷纷创立，铁路、公路、航空等乘客服务组织体系的建立，都为旅游的发展提供了良好的组织服务载体。

其三，饭店业的逐渐兴起，对旅游服务体系的完善起到了重要的推动作用。应该说，这一时期不仅对特权阶层提供服务的豪华饭店有了发展，对中产阶层提供服务的一般商业饭店也发展很快，对旅游业的发展起到了重要的支撑作用。

其四，旅游胜地的不断开辟有力地促进了旅游业的快速发展。随着旅游胜地的不断增多，旅游服务的其他辅助设施也迅速增加，如游乐场、音乐厅、散步场、运动场、赌场、浴场等。尤其是人文景观也开始与自然景观融合，改变了之前单调的旅游产品形式。

知识链接 2-3

## 第三节　现代旅游活动的兴起和发展

现代旅游是指自第二次世界大战结束以来，特别是 20 世纪 60 年代以来迅速普及于世界各地的社会化旅游活动，是对旅游发展史中一个时期概念的界定，它与历史学界对历史断代划分中的"现代"概念有所不同。

## 一、世界现代旅游业发展的基本特征

### (一)旅游业增长的持续性

第二次世界大战后，旅游活动日益成为人们日常生活的重要组成部分。据世界旅游组织的统计资料显示，从 20 世纪 50 年代至今，世界旅游业发展整体上呈现上升的趋势。60 多年来，国际旅游人次从 1950 年的 2582 万，增加到了 2016 年的 105 亿，增长了 405.66 倍；国际旅游收入更是从 1950 年的 21 亿美元，增加到了 2016 年的 5.17 万亿美元，增长了 2460.9 倍。

### (二)旅游活动参与者的大众性

现代旅游活动与古代旅行活动及近代旅游活动最大的区别在于它的大众性。现代旅游活动的参与者已不仅仅局限在少数范围之内，而是扩展到了普通大众。随着世界经济的发展，各国人民生活水平的普遍提高以及带薪假期的普及，越来越多的普通大众具备了参与旅游活动的条件，旅游活动人人都可参与。正如世界旅游组织在 1980 年公开发表的《马尼拉宣言》中明确提出的那样，"旅游业是人类社会基本需要之一。为了使旅游同其他社会基本需要协调发展，各国应将旅游纳入国家发展的重要内容之一，使旅游度假真正成为人人享有的权利"。现代旅游活动的大众性还体现在旅游形式上。有组织的旅游团体或旅行社包价旅游的规范化旅游模式,成为占主导地位的旅游形式。这种形式对于缺乏旅游经验的旅游者来说,大大增强了他们的安全感,提升了旅游的质量,同时也节省了费用开支。正是这种形式的旅游,为旅游者消除了外出旅游的种种障碍,促使越来越多的人参与到旅游活动中来,形成了大众旅游。

### (三)旅游活动地域上的集中性

随着世界旅游业的迅猛发展,旅游活动的参与者数量日益增加,旅游活动的地域范围也日益扩大,从严寒的南极大陆到湿热的热带雨林,从白雪皑皑的珠穆朗玛峰到神秘莫测的海底世界,到处都遍布着旅游者的足迹。但旅游者并非平均地分布于世界各地,旅游者在确定旅游目的地时,往往也会选择一些热点国家或地区,从而使旅游活动呈现出地域上的集中性。

### (四)旅游市场竞争的激烈性

旅游业是全球经济发展中规模最大、增势最强、前景最好的产业之一,它对整个国民经济产生的巨大推动作用是其他产业无法比拟的,因而各国、各地区对旅游业的重视也达到了前所未有的程度。因此,旅游竞争已不仅仅局限在企业与企业之间,而是扩大到各国和各地区之间。各国、各地区政府为了推动本国、本地区的旅游业发展,积极地投入到旅游业的开发和建设中去。政府投资进行道路交通等基础设施建设,做好社会治安和环境卫生的整治,为旅游业的发展提供了良好的基础环境。政府出面利用旅游博览会、各种媒体以及举办各类活动对本国、本地区的旅游整体形象进行促销。

## 二、现代旅游快速发展的原因分析

分析现代旅游快速发展的原因,主要有以下几点值得关注。

(1) 投资对经济发展的拉动作用促进了旅游业的快速发展。经济的发展需要大量的投资,第二次世界大战后旅游业的发展同样需要大量的资金注入。度假区的开发和辅助设施的建设,交通工具和交通设施的改善与技术创新,旅游产品的设计、开发与组合,旅游市场的培育与规范等,都需要投资的注入和有效运作。当然,投资的强度和规模大小依赖于一国经济的持续稳定增长。

(2) 旅游市场细分化的推动作用。如从年龄角度划分的老年人市场、青年人市场、中年人市场,在生活态度、生活方式和行为方式上都有较大的差异,对旅游产品、服务方式以及在特定要求上都有各自的特点。尤其是市场细分化对旅游产品提供者、旅游产品服务规范与过程、旅游产品创新等方面都产生了巨大影响,极大地推动了旅游业的快速发展。

(3) 第二次世界大战后世界人口的迅速增长对旅游活动的影响。第二次世界大战结束后世界人口约为25亿人,20世纪60年代增加到36亿人,到20世纪90年代突破了50亿人。相关统计数据显示,截至2021年5月,全球230个国家和地区的人口总数为75亿9693万人,其中,中国以14亿1178万人位居世界第一,印度以13亿5405万人位居世界第二,第三至第十名分别是美国、印度尼西亚、巴西、巴基斯坦、尼日利亚、孟加拉国、俄罗斯、墨西哥。无疑,世界人口的不断增长已成为第二次世界大战后大众旅游发展的基础。

(4) 政府政策和行业组织的革新对旅游业发展产生了积极影响。在第二次世界大战后相当长的一个时期，旅游业在欧美国家政策和拨款方面都享有很多优惠。为第二次世界大战后欧洲重建而制订的著名的美国马歇尔计划，就是促使欧洲各国政府通过欧洲经济开发组织(欧洲经济合作与发展组织的前身)，干预旅游营销和对旅游业的投资，重视旅游对国家财政收入增加的作用。甚至欧洲经济开发组织还直接资助欧洲旅游委员会开拓美国旅游市场。旅游行业组织和结构也发生了一些变化，建立了很多在世界范围内经营的跨国旅游公司，尤其是欧美旅游业的全球化趋势非常明显。

(5) 生产自动化程度的不断提高和各国城市化发展速度的加快对旅游业的发展产生了重要影响和推动作用。第二次世界大战后随着科技的不断进步和生产过程自动化程度的不断提高，使产业的生产效率大大提高，单位产品的生产时间大大缩短，从而使员工带薪休假也越来越普及，客观上也刺激了旅游的发展。

(6) 第二次世界大战后世界各国教育事业的发展不仅提高了人们的知识层次和结构，而且促进了人们对现代工作生活质量的追求，旅游成为生活质量的一种重要指标。随着教育层次的提高，越来越多的人在工作之余追求更为新颖的生活方式，感受自然、体验社会、和谐人际关系已成为生活的重要组成部分，而旅游已成为满足这些需求的重要行为方式。

## 第四节　中国旅游业的产生与发展

中国旅游业的产生是在近代，而前文提到的古代社会的各种旅行活动，包括帝王巡游、官吏宦游、经商旅行、文人漫游、宗教云游和节事庆游等，都不是现今意义上的旅游。

### 一、中国近代旅游活动的迅速兴起

与西方国家相比，中国近代旅游业的发展远远落后于其他国家。在我国最早经营旅游业务的旅行社都是一些由国外旅游服务机构为方便本国居民来华旅行而设置的分支服务机构。如在20世纪初进入中国市场的英国通济隆旅行社、美国运通银行旅行社、日本观光局等，它们在上海、香港等主要城市设立分支机构，开办代售旅行所必需的车船票等营业项目，发行被当时中国人称为"通天单"的旅行支票，几乎包揽了当时中国国内外所有的旅行业务。

1923年8月15日，著名爱国资本家陈光甫先生在上海创立了第一家由中国人自己投资创办的旅行社——上海商业储蓄银行旅行部(后更名为中国旅行社)。陈光甫先生创办旅行部的主要目的并非营利，而是维护民族的尊严，从而萌发出创办中国民族旅行社的想法。陈光甫先生希望通过创办中国人自己的旅行社，来减少中国人在旅游中受到的歧视，希望为更多的旅行者提供方便，使他们免受旅途之苦，同时也希望更多的人能够更好地了解中国悠久的历史文化和壮美的大好河山。旅行部成立后的同年10月，全国教育联合会第九次会议在云南昆明举行，陈光甫争取到了为各省代表安排从上海至昆明旅途间的一切舟车食宿事项。过程中，旅行部提供的周到服务受到了教育界人士的称赞。

旅行部业务活动的一举成功，坚定了陈光甫创办中国旅行机构的决心。随着业务活动的逐步扩展，前来旅行部办理旅游业务的人越来越多，原先银行内的营业处已无法满足业务需要。1924年1月旅行部迁往四川路，独立门户，以便于发展。为了更好地推广业务，旅行部首先在杭州设立分部，之后的 5 年间，先后在各地设立了 11 个分部。1927 年 6 月 1 日，旅行部正式更名为"中国旅行社"，旅行部与银行正式分离。

中国旅行社成立之初，业务活动较为简单，主要是代售火车票和轮船票。在中国航空公司成立后，开始代售飞机票。之后，其业务范围不断拓展。自 1924 年旅行部成立的第二年起，每年春季，都会组织前往杭州的旅游团，并协同铁路局开设游杭专列，开了我国包专列旅游的先河。此外，旅行部还组织了海宁观潮、惠山游湖、富春览胜等各具特色的团体旅游活动。1927 年，中国旅行社创办了中国的第一本旅游杂志——《旅行杂志》，杂志邀请了当时国内许多著名学者和教授为其执笔，还聘请了许多国外的特稿记者，使之成为旅游者获取旅游信息的最佳来源之一。

1932 年，为了更好地拓展业务活动，中国旅行社专门设立了游览部。中国旅行社还开办了一系列与旅游直接相关的其他业务。如为了给游客提供更好的住宿设施，中国旅行社自 1931 年到 1937 年先后在沈阳、徐州、青岛、黄山等地投资兴建了 21 家招待所、饭店。为了帮助景区吸引游客，中国旅行社多次直接投资开发景区，如为戚继光的遗址修建华亭、为泰山修整登山道路等。此外，中国旅行社还为留学生办理出国手续、发行旅游支票、代办邮政电报等。

1937 年，抗日战争全面爆发，中国陷入了动荡不安的局势中，中国旅行社苦心经营了十余年的业务也毁于一旦。1949 年中华人民共和国成立前夕，陈光甫先生移居香港地区，中国旅行社的业务重心也随之转移。1954 年重新注册为"香港内地旅行社有限公司"，成为内地在香港的旅游、铁路货运业务的主要代理。

## 二、中国现代旅游业的快速发展

中国现代旅游业是指中华人民共和国成立后的旅游活动。70 多年来，中国的旅游业取得了惊人的发展，其发展可以划分为两个主要的阶段，分别是 1949—1978 年的外事接待阶段和 1978 年以后的全面发展阶段。

### (一)外事接待阶段

这一时期，旅游是作为一项政治性的"民间外交"而存在的，旅游业以外事接待为主，具体可分为三个阶段。

#### 1. 初步创立时期

20 世纪 50 年代中后期，是中国现代旅游业的初步创立时期。中华人民共和国成立的第一家旅行社成立于福建厦门。由于地理环境和历史背景的因素，厦门拥有众多的归侨、侨眷以及厦门籍海外侨胞，是著名的侨乡。中华人民共和国成立后，为了方便海外侨胞回国探亲，1949 年 11 月 19 日，厦门市军管会在接管了旧"华侨服务社"并对其进行整顿后，于同年 12 月正式创立了中华人民共和国第一家华侨服务社。此后几年里，广东省、福建省和许多中心城市相继成立华侨服务社。

中华人民共和国成立后，来华公务出差和旅游的外籍人士也逐渐增多，为了更好地完成这项严肃的政治接待任务，1954 年 4 月 15 日，经周恩来总理提议和政务院的批准，中华人民共和国成立第一家面向外国旅游者开展国际业务的旅行社——中国国际旅行社总社，

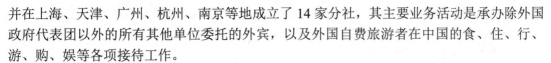

并在上海、天津、广州、杭州、南京等地成立了14家分社，其主要业务活动是承办除外国政府代表团以外的所有其他单位委托的外宾，以及外国自费旅游者在中国的食、住、行、游、购、娱等各项接待工作。

1957年，各地华侨服务社在北京召开专业会议，决定对全国华侨服务社进行统一管理，并在原有名称的基础上增加"旅行"二字，于是，华侨旅行服务总社在北京成立。

## 2. 逐步开拓时期

从20世纪50年代中后期到"文化大革命"前，是中国现代旅游业的逐步开拓时期。经过十多年的努力，中华人民共和国成立后的外交工作取得了巨大的进展，先后与50多个国家建立了外交关系。1963年年底到1964年年初，周恩来总理率团先后出访了埃及、阿尔及利亚、摩洛哥等亚非14国，这次历史性的访问，不仅增强了中国同亚非国家的团结与合作，也大大提高了中国在国际上的地位和声望。1964年1月，中国与法国的建交，更是标志着中国同西欧国家关系有了一个重大的突破。同年，中国民航开通了前往巴基斯坦、中东和阿富汗的三条国际航线，架起了通向世界的空中桥梁。

随着中华人民共和国外交工作的全面开展和国际交通的日益便利，自费前往中国旅行游览、洽谈贸易的旅游者不断增多。为了做好旅游接待工作，进一步推动旅游业的发展，1964年7月，经全国人大常委会批准成立了中国旅行游览事业管理局。这一时期中国旅游业的管理体制实行的是政企合一的体制，国家旅行游览事业管理局和中国国际旅行社总社是"两块牌子，一套人马"，对外招徕用国旅总社的牌子，对内行业管理则行使国家旅游局的职能。

## 3. 崎岖发展时期

"文化大革命"的十年动乱，是中国现代旅游业的崎岖发展时期。20世纪60年代中期，世界旅游业正处于大发展的时期，而我国的旅游业却由于"文化大革命"而停滞不前，甚至出现了倒退的现象。华侨旅行服务社被撤销、国旅业务被迫停止，大批旅游业工作人员受到迫害。旅游业几乎陷入了瘫痪的境地，入境旅游者日益减少。

20世纪70年代后，这一局面才得以逐步扭转。1970年，周总理批示"中国旅游局的机构还是需要保留的"，同年8月，外交部提出了《关于旅游体制改革的意见》，使旅游业基本恢复到"文化大革命"前的格局。1971年2月，毛主席在旅游局的接待人数报告上指示"人数可略增加"，旅游接待工作开始逐渐恢复和发展起来。与此同时，1971年10月25日，第26届联合国大会以压倒性人数通过了第2758号决议，明确"承认中华人民共和国政府是代表中国在联合国的唯一合法政府，中华人民共和国是安理会五个常任理事国之一"；1972年2月，美国总统尼克松访华，中美建交；同年9月，日本总理大臣田中角荣访华，中日建交。外交上的胜利，使中国的国际地位大幅提升，对国际旅游者的吸引力日益增强，为中国旅游业的恢复和发展创造了良好的条件。

1972年8月，中国华侨旅行服务总社恢复营业。为了进一步做好海外华侨、港澳台同胞和外籍华人的旅游接待工作，1974年1月，经国务院批准在华侨旅行服务总社的基础上成立中国旅行社，根据周恩来总理提议，保留"华侨旅行服务社总社"，同时加用"中国旅行社总社"的名称。

1973年，周恩来总理召开旅游工作会议指示，旅游接待工作不能继续赔钱，"对旅游者应按原则收费"。此后,对旅游团的收费问题,又经过了几年的讨论才逐步达成了共识。1975年,财政部开始对旅游外汇收入下达指标。至此,中国的旅游业才逐步摆脱了外事接待的身份,进入了全新的发展时期。

## (二)全面发展阶段

1978年,党的十一届三中全会开启了改革开放的历史新时期,中国旅游业也随之进入全面发展时期。改革开放40多年,中国旅游业的发展驶入了快车道,已成功地实现了由旅游资源大国向世界旅游大国的跨越,并正在为早日成为世界旅游强国而不懈努力。

### 1. 旅游管理体制不断完善

为了进一步加强对旅游行业的管理,1978年3月,中国旅行游览事业管理局改为直属国务院的中国旅行游览事业管理总局,由外交部代管;成立各省、市、区旅游局,负责地方的旅游行业管理;并成立由国务院副总理耿飚任组长,铁路、民航、外贸、轻工、商业等部门负责人为组员的旅游工作领导小组,从而建立起了中央和地方的分级管理体制以及与相关行业的横向协调机制。

1978年8月,中国旅行游览事业管理总局改为由国务院直接领导。中国国际旅行社总社作为事业单位进行企业化管理,各省市分社根据各地具体情况由地方决定,开始进入企业化运作阶段。1982年7月,中国旅行游览事业管理总局与中国国际旅行社总社按"政企分开"的原则,分署办公和经营。8月,中国旅行游览事业管理总局正式更名为中华人民共和国国家旅游局。局、社的分开,为强化行业管理、推动旅游业的加速发展创造了有利的条件。

1986年1月30日,经国务院批准成立了第一个全国综合性旅游全行业组织——中国旅游协会,在旅游企业与政府之间起到了沟通、纽带和桥梁作用。

从1988年到1998年,国家先后出台了三次"三定"方案,实现政府机构精简和职能转变,进一步促使国家旅游局机关与直属企业彻底脱钩。1988年10月,国家旅游局"三定"方案出台,全面系统地规定了旅游管理体制改革的具体实施方案,使政企职能进一步清晰化。1994年3月,国务院办公厅批准印发了《国家旅游局职能配置、内设机构和人员编制方案》,对政府和企业的不同权责进行了更为详尽的划分,进一步下放企业自主经营权,政府的功能逐步向行业管理、间接管理、调节式管理转变。1998年,国务院办公厅印发国家旅游局机构改革"三定"方案,再一次大幅精简了机构设置和人员编制,进一步明确了中央和地方、政府和企业的相关职能。

此后,《旅游发展规划管理暂行办法》《导游人员管理条例》《旅游区(点)质量等级的划分与评定》《中国公民出国旅游管理办法》《旅游规划通则》《旅游饭店星级划分与评定》等一系列行业性管理条例和办法的颁布,使旅游行业管理朝着法制化、规范化的道路迈进。

2018年3月,经第十三届全国人民代表大会第一次会议,通过《深化党和国家机构改革方案》,决定组建文化和旅游部,4月8日文化和旅游部在北京正式挂牌。

### 2. 市场规模不断拓展

改革开放以来,中国旅游业发展迅猛,入境旅游、国内旅游和出境旅游三大市场全面繁荣。

入境旅游市场方面,对外开放的不断扩大以及对外经济文化交流的日益频繁,使我国

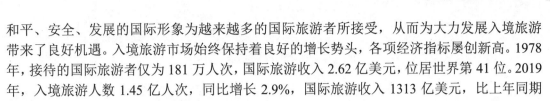

和平、安全、发展的国际形象为越来越多的国际旅游者所接受，从而为大力发展入境旅游带来了良好机遇。入境旅游市场始终保持着良好的增长势头，各项经济指标屡创新高。1978年，接待的国际旅游者仅为181万人次，国际旅游收入2.62亿美元，位居世界第41位。2019年，入境旅游人数1.45亿人次，同比增长2.9%，国际旅游收入1313亿美元，比上年同期增长3.3%。

国内旅游方面，随着居民生活水平的稳步提高和带薪休假制度的不断完善，国内旅游日益成为人们日常生活的重要组成部分。2019年，国内旅游人数达到60.06亿人次，国内旅游收入达5.73万亿元人民币，成为世界上规模最大的国内旅游市场。

出境旅游方面，市场增长势头异常强劲。从1983年中国内地居民自费赴港澳地区探亲旅游开始计算，中国出境旅游发展经历了探亲试验、调整放开和快速发展三个阶段。从人数上看，中国内地居民出境旅游热情日益高涨，人数持续增长，尤其是进入21世纪后，年增长速度均在两位数。2019年，出境旅游者达1.55亿人次，从出境目的地来看，出境旅游目的地也由原来的香港、澳门地区，扩展到了除南极洲以外的世界六大洲。

### 3. 产业规模进一步扩大

我国经济的快速发展和旅游市场的不断繁荣，进一步促进了旅游产业的快速发展，1978年，我国涉外饭店数量仅有137家，客房1.5万间，旅行社也仅有国旅和中旅及其所属的100多个分社，数量极为有限。1984年7月，国务院批准国家旅游局《关于开创旅游工作新局面几个问题的报告》，准许在旅游基础设施的建设方面，采取国家、地方、部门、集体、个人一起上，自力更生和利用外资一起上的原则，促使大量资本涌入旅游业，使旅游投资者和经营者多元化，为产业规模的壮大奠定了坚实的基础。

饭店业方面，数量、规模、类型都有了极大的发展。世界著名的饭店集团纷纷加快了进入中国市场的步伐，并在此展开全面布局。据不完全统计，已有40多家国际饭店管理集团的70多个品牌进入中国，共管理10000多家饭店。世界排名前十位的国际饭店管理集团已全部进入我国市场。本土酒店管理集团逐渐从吸收模仿阶段发展到自主创新发展阶段，32家本土酒店集团跻身世界酒店300强。旅行社方面，1980年，中国青年旅行社成立，形成由国旅、中旅、青旅三家垄断经营的局面。1984年，国务院就旅行社的体制改革做出决定，打破垄断，放开经营旅行社，旅行社由行政事业单位改为企业。此后，旅行社开始迅猛发展。

1998年，外资旅行社开始进入中国旅游市场。6月，由国旅总社、云南旅游集团股份有限公司和瑞士力天集团有限公司合资的，经国家批准在我国境内开设的第一家中外合资旅行社云南天力旅游有限责任公司成立。2001年，中国加入世界贸易组织，并承诺到2005年年底，中国允许外商在国内成立独资旅行社。2003年7月，首家外资独资旅行社正式准入中国，即日本航空公司所属的日航国际旅行社有限公司在北京设立，提前兑现中国入世承诺。

在线旅游发展迅速，2019年在线旅游市场交易规模约10059亿元，比2018年的8750亿元增长14.96%。用户规模达4.13亿人，相比2018年的3.92亿人增长5.35%。携程旅行、去哪儿旅行、同程旅游、飞猪旅行、马蜂窝、途牛旅游、艺龙旅行、猫途鹰等在线旅游企业规模不断壮大。

## 本章小结

　　旅游业的产生和发展经过了漫长的时期。原始社会、奴隶社会、封建社会旅行活动的发展为旅游业的产生奠定了基础。18世纪60年代，工业革命首先在英国开始，并于19世纪30年代基本完成。近代旅游的出现和发展与工业革命所产生的影响密切相关。1845年，托马斯·库克在英国的莱斯特正式创办了世界上第一家旅行社——托马斯·库克旅行社，开始专门从事旅行代理业务，成为世界上第一位专职的旅行代理商。旅行社的出现标志着近代旅游业的诞生。

　　著名爱国资本家陈光甫先生在上海创立了第一家由中国人自己投资创办的旅行社——上海商业储蓄银行旅行部(后更名为中国旅行社)，拉开了我国近代旅游业发展的序幕。70多年来，中国的旅游业取得了惊人的发展，其发展可以划分为两个主要的阶段，分别是1949—1978年的外事接待阶段和1978年以后的全面发展阶段。目前，我国国内旅游、入境旅游、出境旅游全面发展，在国际旅游舞台上大放异彩。

## 课后练习

1. 19世纪以前有哪些比较有代表性的旅行活动？
2. 工业革命对近代旅游的发展产生了哪些影响？
3. 世界现代旅游业发展的基本特征有哪些？
4. 中国旅游业的产生与发展经历了哪些阶段？

# 旅游业态篇

- 第三章　旅行社
- 第四章　旅游景区
- 第五章　旅游酒店
- 第六章　旅游交通
- 第七章　其他旅游业态

# 第三章

## 旅行社

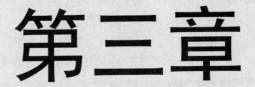

【学习目标】

通过本章的学习,要求学生理解旅行社的概念、分类以及基本业务;掌握旅行社岗位职责与工作特点;掌握旅行社的主要旅游产品;理解旅行社市场营销的概念、组合策略、旅行社产品促销的方式方法。

【关键词】

旅行社　组织结构　旅游产品　旅行社市场营销

> **案例导入**

### 跨省游恢复 济南各大旅行社蓄势待发

济南市文旅局转发了文化和旅游部《关于推进旅游企业扩大复工复业有关事项的通知》，全面恢复跨省(区、市)团队旅游。眼下正值暑期，随着国内游的恢复，我市各大旅行社已逐步复工复业，筹备省外旅游业务。

记者从一家旅行社了解到，自上周全面恢复国内游以来，已有不少市民前来咨询。

山东嘉华旅游常务副总经理马莉介绍，恢复跨省游之后，门店明显地感觉到咨询量比之前有非常大的提升，就目前刚刚统计来看，国内游待定的团队已经达到30多个，去的方向有青海、甘肃、内蒙古、西藏等，南方因为今年有洪水，出游相对集中在贵州和海南。

马莉告诉记者，目前出行的团队大都以企业和家庭团为主。她还透露，跨省游的恢复，也在一定程度上刺激了游客省内短途旅游的热情。她介绍，省内游的团队短短三天之内已经增加了10多个，当然咨询的都是7月下旬到8月份，甚至到9月份的团队，出游也都以奖励旅游、家庭出游这样的形式为主。

跨省游重启，如何做好疫情防控工作，是摆在旅行社面前的一道现实考题。马莉介绍，目前他们已与各个省外地接社做好线上沟通，在保障游客旅游体验的同时，落实途中及目的地城市各项防控措施。

值得一提的是，随着国内旅游市场的逐步复苏，济南也开始迎来更多的省外游客。趵突泉公园的省外旅行团和散客，较前期明显增多。

记者了解到，根据济南市的相关要求，中、高风险地区不得开展团队旅游及"机票+酒店"业务，出入境旅游业务暂不恢复，全市旅游景区接待游客量由不得超过最大承载量的30%调至50%。

(资料来源：http://field.10jqka.com.cn/20200721/c622088673.shtml)

**辩证性思考**

1. 旅行社的主要职能是什么？
2. 传统旅行社如何应变日新月异的旅游者需求？

## 第一节 旅行社概述

### 一、旅行社的定义、性质和作用

#### (一)旅行社的定义

关于旅行社的定义在不同国家或地区的旅行社行业中有着不同的说法。

在日本，人们习惯上把旅行社称为旅行业，《日本旅行业法》规定，所谓的旅行业，是指收取报酬，经营为旅客提供运输或住宿服务、代理签证等内容的事业。

国际旅游组织把旅行社定义为：零售代理机构向公众提供的关于可能的旅行、居住和相关服务包括服务酬金和条件的信息。旅行组织者、制造商或批发商在旅游需求提出前，组织交通运输、预订不同方式的住宿和提供所有其他服务，为旅行和旅居做准备。

欧洲普遍接受的旅行社的定义为：旅行社是一个以持久营利为目标，为旅游者提供有关旅行及居留服务的企业。旅行社提供的服务包括：出售或发放运输票证；租用公共车辆；办理行李托运和车辆托运；提供旅馆服务，预订房间，发放旅馆凭证或牌证；组织参观游览，提供导游、翻译和陪同服务以及邮递服务；提供租用剧场、影剧院服务；出售体育盛会、商业集会、艺术表演等活动的入场券；提供旅客在旅行逗留期间的保险服务；代表其他驻国外旅行社或旅游组织者提供服务。这个定义是较完整、具有法律依据的定义之一。

我国 2009 年修订的《旅行社管理条例》中定义，旅行社是指从事招徕、组织、接待旅游者活动，为旅游者提供相关的旅游业务，开展国内旅游业务、入境旅游业务和出境旅游业务的企业法人。

在介绍旅行社定义时，必须注意，随着信息技术的使用和旅游市场的发展，出现了一些新型旅游代理商，这对传统的、狭义的旅行社定义提出了挑战。他们涉足旅行社的业务往往只有订票、订房等单项旅游服务，既不符合《旅行社管理条例》对旅行社的界定，也无旅行社之名，他们以不同的方式为不同细分市场的旅游者顺利实现空间移动提供着服务，对传统旅行社直接构成了威胁。

因此，广义的旅行社可定义为：购买、开发旅游供应商的产品，借此为旅游者实现安全、舒适和便利的空间移动提供服务的企业，包括传统旅行社、利用互联网和呼叫中心销售客房和机票等产品的在线旅游服务商。

## (二)旅行社的性质

作为旅游企业中的一类，旅行社既有与其他旅游企业的类似之处，也有其自身的特性。在其业务范围及日常运作过程中，总结出以下几个基本性质。

### 1. 营利性

旅行社是以营利为目的的企业。旅行社首先是一种企业形态，而营利性是所有企业具有的共性，也是其根本性质。企业的最终目的是追求利润的最大化，旅行社是一个独立核算、自负盈亏的经营性组织，具备营利性的根本属性。

### 2. 服务性

服务性是旅游业中所有企业都具有的，是旅游企业与工业企业的相区别之处，旅行社的经营过程自始至终都离不开服务这一核心内容。旅行社不仅是一个独立的、具有经济属性的组织，其发展还涉及许多社会问题，而服务性则是旅行社发展过程中，经济效益和社会效益的双重体现，是一个国家地区形象代表之一，所以旅行社也被称为"窗口行业"。

### 3. 中介性

旅行社是中介服务机构。作为旅游服务企业，旅行社是旅游客源地与目的地、旅游消费者与旅游服务供应商之间的纽带，在促进旅游产品的销售和活跃旅游市场方面起到了积极的作用。旅行社的运作主要依托于各类旅游吸引物和旅游供给设施，根据旅游需求的全部内容来组织和创新产品，从而完成从资源到效益的转化。

### (三)旅行社的作用

旅行社是旅游活动的产物，它在旅游活动中扮演着双重角色，既是旅游产品的采购者，又是旅游产品的销售者，它把分散于各地的旅游者和提供服务的旅游经营者连接起来，在旅游活动主体(旅游者)和客体(旅游对象)之间起媒介作用。旅行社的具体作用可以概括为以下三个方面。

#### 1. 旅游活动的组织者

从旅游者需求角度来看，旅游者在旅游活动中需要各种旅游服务，如交通、住宿、餐饮、游览、购物、娱乐等，而提供这些服务的部门和企业分属不同的行业，它们相互之间的联系比较松散。旅行社从相关的各类供应商处采购并进行合理的组织加工，融入旅行社的服务特色和专业个性，进而形成各具特色的旅游产品，并向旅游者进行销售。由此看来，旅行社是旅游者和各类旅游供应商之间的中介，在确保各方利益的前提下，协同旅游业各个有关部门和其他相关行业，保障旅游者在旅游活动过程中各环节的衔接和落实。因此，旅行社不仅为旅游者组织旅游活动，而且客观上在旅游业各组成部门之间起着组织和协调的作用。

#### 2. 旅游供应商的产品销售渠道

人类的进步使社会分工不断地细化和深化，生产的社会化分工决定了需要有旅行社这样一种组织来专门从事旅游产品的组合和加工，并通过提供各种及时有效的旅游信息，满足旅游者对旅游产品的广泛需求。旅行社承担着沟通供求双方的责任，使旅游产品借此可以更顺利地进入消费领域。例如，旅游交通业、住宿业等部门，虽然它们也直接向旅游者出售自己的产品，但它们的产品大多数还是通过旅行社销售给旅游者的。因此，旅行社是旅游产品供应商最重要的销售渠道。

#### 3. 促进旅游业发展的中坚力量

一方面，在旅游业的各个组成部门中，旅行社最接近客源市场并且首先直接同后者接触，因此，旅行社对旅游市场的信息了解得最快；另一方面，旅行社同旅游业其他部门都有密切联系，这些相关部门或企业的产品信息往往也通过旅行社传递给客源市场。因此，旅行社在了解需求和指导供给方面起着非常重要的作用，堪称促进旅游业发展的前锋。

## 二、旅行社的主要类型

由于各国旅游业发展目标和水平不同，旅行社的划分标准和类别存在着一定的差异。

### (一)欧美国家旅行社的分类

欧美国家旅行社的分类以生产经营的主要业务类型(批发业务和零售业务)为依据，共分为两大类。

#### 1. 旅游批发经营商

旅游批发经营商，即主要经营批发业务的旅行社或旅游公司。具体来说，就是旅行社

第三章 旅行社

根据自己对客源市场的了解，成批量地订购各类不同的旅游产品，如交通运输公司、饭店、旅游景点等产品，然后将其设计组合成不同的包价旅游线路产品，并通过一定的渠道销售给旅游者。

旅游批发经营商可以分为旅游批发商和旅游经营商两个小类，两者的主要区别体现在销售渠道上。旅游批发商一般没有自己的零售网络，其设计开发的旅游线路通过独立的零售商销售给广大消费者。旅游经营商不仅开发设计旅游线路，从事旅游产品批发业务，还拥有专门的零售网络，可将自己的旅游产品直接销售给广大消费者。

2. 旅游零售商

旅游零售商，即主要经营零售业务的旅行社，它直接面对旅游者并向其推销旅游产品或为其购买旅游产品提供便利。其典型代表是旅游代理商，代理消费者从旅游批发经营商或各旅游企业购买的旅游产品，同时，也代理各旅游企业直接向旅游大众销售的产品。旅游代理商的经营收入主要来自被代理企业的佣金。这类企业的规模一般比较小，但是数量多、分布广，也有一些旅游零售代理商，拥有自己庞大的零售网点，占有了大部分的市场销售份额。

## (二)我国旅行社的分类

我国旅行社分类大致经历了三个阶段。

### 1. 第一阶段：1996 年之前

1996 年之前分为一类、二类和三类旅行社。一类旅行社从事对外招徕和接待海外游客来大陆旅游，二类旅行社从事接待由一类旅行社和其他涉外部门组织来华的海外游客，三类旅行社只经营国内业务。

### 2. 第二阶段：1996—2009 年

1996 年，我国颁布了《旅行社管理条例》，对我国旅行社分类进行重新调整，按照经营范围划分为国际旅行社和国内旅行社。

1) 国际旅行社

国际旅行社的经营范围包括入境旅游、出境旅游和国内旅游。具体业务内容包括：

第一，招徕外国旅游者、华侨及港澳台同胞来中国大陆旅游，为其安排交通、游览、住宿、饮食、购物、娱乐及提供导游等相关服务；

第二，招徕我国旅游者在国内旅游，为其安排交通、游览、住宿、饮食、购物、娱乐及提供导游等相关服务；

第三，经国家旅游局批准，招徕、组织我国境内居民到外国和港澳台地区旅游，为其安排领队及委托接待服务；

第四，经国家旅游局批准，招徕、组织我国境内居民到规定的与我国接壤国家的边境地区旅游，为其安排领队及委托接待服务；

第五，经批准，接受旅游者委托，为旅游者代办入境、出境及签证手续服务；

第六，为旅游者代购、代订国内外交通客票，提供行李服务；

第七，经国家旅游局批准的其他旅游业务。

2) 国内旅行社

国内旅行社的经营范围仅限于国内旅游。具体业务内容包括：

第一，招徕我国旅游者在国内旅游，为其安排交通、游览、住宿、饮食、购物、娱乐以及提供导游等相关服务；

第二，为我国旅游者代购、代订国内交通客票，提供行李服务；

第三，经国家旅游局批准的与国内旅游有关的其他业务。

我国旅行社分类不是根据旅行社业务的自然分工进行的，而是出于国家对旅游业进行宏观控制、确保旅游接待质量的目的而做出的规定。除了业务内容是否涉外方面有所不同外，各类旅行社的业务职能并无根本区别。同欧美国家的旅行社相比，我国的旅行社既经营"批发"业务，也经营"零售"业务。

### 3. 第三阶段：2009年之后

2009年5月1日，经过重新修订的《旅行社条例》正式实施，明确规定旅行社必须具有固定的经营场所和必要的营业设施、不少于30万元的注册资本，方可经营国内旅游业务和入境旅游业务。新成立的旅行社取得经营许可满两年，且未因侵害旅游者合法权益受到行政机关罚款以上处罚的，就可以申请经营出境旅游业务。

另外，目前国内各地的旅行社从业务上又分为组团社、地接社、办事处(也可以称为批发商、分销商、代理商、同行)。

组团社：指在出发地并与客人签订旅游合同的旅行社。

地接社：指旅游目的地接待出发地组团社游客的旅行社。

办事处：指地接社设在出发地城市的办事机构或者代理，此类办事机构并没有经营权，不合法。

当然还有一些俱乐部及不合法的旅游机构，它们更没有相关的资质。

## 三、旅行社的设立

旅行社的设立是开展旅行社经营活动的开始。同其他企业一样，我国旅行社的设立受到我国有关政策和法规的约束。根据《旅行社管理条例》和《旅行社条例实施细则》的规定，申请设立旅行社应当具备下列条件：①有固定的经营场所；②有必要的营业设施；③有不少于30万元的注册资本。

为了保证经营活动的正常开展和方便相关部门进行管理监督，旅行社必须拥有固定的经营场所，该场所可以是旅行社自身拥有产权的营业用房，也可以是旅行社租用的、租期不少于1年的营业用房。经营场所的面积大小、具体地点等则由旅行社自行选择，但要满足其业务经营的需要。营业设施包括至少两部以上的直线固定电话、传真机、复印机，具备与旅游行政管理部门及其他旅游经营者联网条件的计算机。注册资本是指旅行社用于正常经营活动的流动资金和固定资金的总和。为了保证旅行社的正常经营运作和保护旅游消费者的合法权益，旅行社的注册资本要求不得少于30万元人民币。

此外，旅行社自取得旅行社业务经营许可证之日起3个工作日内，须向旅游行政主管部门指定的银行开设专门的质量保证金账户，存入一定的质量保证金，或者向作出许可的旅游行政管理部门提交依法取得的担保额度不低于相应质量保证金数额的银行担保。经营国内旅游业务和入境旅游业务的旅行社，应当存入质量保证金20万元；经营出境旅游业务的旅行社，应当增存质量保证金120万元。旅行社每设立一个经营国内旅游业务和入境旅游业务的分社，应当向其质量保证金账户增存 5 万元；每设立一个经营出境旅游业务的分社，应当向其质量保证金账户增存 30 万元。

## 四、旅行社的基本业务

在不同的国家和地区，旅行社无论是在经营规模、经营方式、经营职能、业务范围方面，还是在具体运作方面均存在较大的差异，但是，不同的旅行社在业务内容上却有不少的共性。从旅游者由旅游客源地出发到旅游目的地，再由旅游目的地回到客源地的过程中，可以看出旅行社是如何作用和服务于旅游者的，旅行社的基本业务范围也可由此做出合理的总结。在表 3-1 中，将旅游者的行为与旅游企业的活动有机地联系起来，从中可以看出旅行社的主要业务是如何开展和进行的。

表 3-1　旅游决策过程与旅行社的基本业务

| 旅游者的决策 | 旅行社的业务 |
| --- | --- |
| 搜集旅游信息 | 市场调研与产品设计 |
| 意向性咨询 | 旅行咨询服务 |
| 购买 | 采购与销售 |
| 旅游活动 | 接待服务 |
| 旅游结束，回到客源地 | 售后服务 |

在旅游者旅游动机的形成阶段，旅行社主要通过市场调研及时了解旅游者的旅游动机，并根据旅游者的旅游动机有针对性地设计旅游产品。在旅游者根据自己的旅游动机搜集相关的旅游信息时，旅行社会适时地以多种方式进行旅游促销活动，并能使旅游者方便地获取最新、最全的旅游信息。旅游者经过对大量信息的评价与判断后，会有选择地向相关旅行社进行咨询，此时，旅行社可以通过网络、人员等多种渠道向旅游者提供真实有效的优质咨询服务。旅游者通过对其咨询结果的比较而做出最终的决策，向其满意的旅行社付费购买旅游产品，这对旅行社而言意味着旅游产品的销售，这一环节是与旅行社的采购服务密切相关的。同时，旅游者实际旅游活动的开始，也就意味着旅行社业务的开始，而当旅游者旅游活动结束后，旅行社则提供相应的售后服务，以解决各种可能出现的问题，并保持与旅游者的联系，为下一次旅行社业务的开展奠定良好的基础。

在市场经济条件下，所有旅游产品与服务的供给都是为了满足特定的旅游消费需求。与旅游者的消费流程相对应，旅行社将会依次开展市场调研旅游产品开发、促销、咨询服务、销售、采购、接团或发团以及售后服务等业务流程。可以将其归纳为旅行社的三项基本业务：第一，旅游产品开发业务(包括市场调研、产品开发与采购等业务)；第二，旅游产品的市场营销业务(包括产品促销与销售等业务)；第三，旅游接待业务(包括咨询、接团或发团及售后服务等业务)。

知识拓展 3-1

# 第二节 旅行社组织结构设计

## 一、旅行社组织结构设计的依据

旅行社的管理者应根据旅行社经营的战略和目标,结合内外环境、拥有资源、客源市场、企业管理理念、人员的素质、企业规模、企业发展阶段等情况,建立适当的组织结构,以保障经营战略的实施和经营目标的实现。

### (一)旅行社战略目标

旅行社的组织结构必须服从旅行社的战略目标需要。不同的战略目标体现了不同的业务活力,职位设计亦有所区别。战略目标重点的改变也会引起各部门、职位在旅行社中重要程度、相互关系的改变与调整。

### (二)旅行社外部环境

影响和制约设立旅行社的外部环境因素,指的是旅行社在经营管理过程中,自身无法控制而且要受其约束的因素。这些因素主要包括行业环境因素和宏观环境因素两个方面。行业环境因素主要包括旅游业的发展状况、行业内的竞争对手、潜在的竞争对手、旅游服务供应部门等;宏观环境因素包括宏观经济环境、人口环境、科技环境、政治法律环境、国际环境等。这些因素的发展变化,往往也会引起旅行社组织结构设置上的区别。

### (三)旅行社内部环境

影响旅行社设立的内部环境因素主要包括旅行社内部有关人员(如总经理、董事长或最大股东)、经济效益、资金筹措、营业场所、协作网络、信用状况等。这些因素的变化也可能会导致旅行社组织结构的相应变化。

### (四)旅行社规模和发展阶段

规模是影响旅行社组织设计的一个重要因素。旅行社的规模往往与发展阶段相联系。伴随着旅行社的发展,旅行社业务活动的内容会日趋复杂,人数会逐渐增多,组织结构要随之经常调整。

### (五)旅行社生产的专业化程度

旅行社生产过程中的各种业务都具有不同的专业特点,在组织结构设计时,应予以充分考虑。所谓专业化是指将一项复杂的工作分解成许多项相对简单的业务单元,并把细分出来的各业务单元分配给具体的业务人员去操作。旅行社生产的专业化程度的要求不同,旅行社组织结构设置上也会存在区别。

### (六)旅行社管理的跨度

管理跨度也叫管理幅度。它是指组织中的每个层次所管理的人数多少,即一名领导者直接领导的下属的数量。管理跨度的宽窄是直接影响组织效率的重要因素之一，也是管理层次设计的关键制约因素之一。影响旅行社管理跨度的变量因素有很多，而且会因各家旅行社的具体情况的不同而有所区别。影响因素主要体现在管理工作的复杂程度、人员的素质、员工职权的科学度、规范化与制度化的程度、信息的沟通度、组织变革的速度、组织空间分布的相近性等方面。

## 二、旅行社组织结构的类型

旅行社组织结构是表现旅行社组织各部分排列顺序、空间位置，以及各要素之间相互关系的一种模式。旅行社组织结构在管理中起"框架"作用，有了它，系统中的人力、物力、信息才能顺利流通，使组织目标的实现成为可能。旅行社常见的组织结构模式如下。

### (一)直线制组织结构模式

直线制组织结构模式是旅行社最原始、最简单的组织结构模式。这种模式的基本特点是旅行社组织中的职务按垂直系统直线排列，总经理拥有全部权限，组织中每一个人只向一个直接上级报告，即"一个人，一个头儿"(如图3-1所示)。其优点是结构简单，人员分配较少，权力集中，信息是面对面的传递，容易维持工作纪律，责任分明，每一个部门和员工都对他的责任和权利有明确的了解。其缺点是在组织规模较大的情况下，所有的管理职能都由一人承担，往往难以应对，可能会发生较多失误。因此直线制组织结构模式比较适合于小型旅行社。

图 3-1　直线制组织结构模式

### (二)职能制组织结构模式

职能制又称多线制，是指在最高主管下面设置职能部门，各职能部门在其专项业务分工范围内都有权下达命令和指示，直接指挥下属单位。下属单位既服从直线主管的命令指挥，又服从上级各职能部门的命令指挥。职能制组织结构的优点是能够通过集中该部门内某一类型的活动来实现规模经济；可以通过将关键活动指定给职能部门而与战略相关联，从而会提升深入的职能技能；工作效率由于任务为常规和重复性任务而得到提高，便于高层监控各个部门。职能制组织结构的缺点是由于对战略重要性的流程进行了过度细分，在协调不同职能时可能出现问题；难以确定各项产品产生的盈亏；容易导致职能间发生冲突、各自为政，而不是出于企业整体利益进行相互合作；等级层次以及集权化的决策制定机制会放慢反应速度。职能制组织结构模式一般适用于中小型旅行社，各部门的职责划分大体如下。

(1) 业务中心，即设计、包装旅游产品，开发客源市场，负责招徕、组织、接待各种类型的国内旅游业务。

(2) 接待中心，负责旅行社团体接待的具体安排工作及后续客户服务工作。

(3) 财务中心，负责旅行社及对外联络处的财务核算、管理工作。

(4) 行政中心，负责旅行社日常运营。

(5) 综合业务中心，负责旅行社的票务、行李包裹及其他业务。

### (三)直线职能型组织结构模式

直线职能型组织结构大都采用内部生产过程导向的部门化方法，即根据技术作业将工作进行分组，设置业务部门，根据职能和自身的规模等因素设置管理部门。这种结构模式综合了直线型和职能型组织结构的优点，既保证了集中统一指挥，又能发挥各种专业管理的作用。其职能高度集中、权责分明、秩序井然、指挥及时、工作效率较高，整个组织有较高的稳定性。而缺点则是下级部门的主动性和积极性的发挥受到限制，而且部门之间自成体系，不重视信息的横向沟通，工作容易重复，业务经营部门和职能管理部门之间容易产生不协调，从而产生利益分配上的矛盾。直线职能型组织结构模式见图3-2。直线职能型组织结构比较适用于中型旅行社，各部门的职责划分大体如下。

(1) 外联部(市场部、销售部、市场营销部)，主要业务包括旅游产品开发、采购和旅游产品销售。

(2) 计调部，是旅行社接待业务的调度中心，主要职责是负责接待服务的计划工作和一切关系的调度工作，包括客流调度平衡、日程安排、统一调控、定价、统计等。计调工作是旅行社接待工作的保障。

(3) 接待部，由不同语种的导游人员组成，主要负责具体接待计划的制订和落实，为旅游者提供导游和陪同服务。包括团体接待，与旅游接待地联系等。

(4) 综合业务部，是旅行社多功能、带有拓展业务性质的综合部门，包括散客接待、票务、行包业务、临时任务、VIP客人接待等。

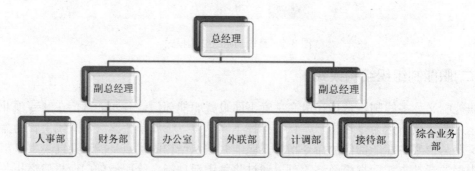

图3-2　直线职能型组织结构模式

### (四)事业部制组织结构模式

事业部制是分级管理、分级核算、自负盈亏的一种组织结构模式，即一个旅行社按地区或按产品类别分成若干个事业部，从产品的设计、原料采购、成本核算、产品生产，一直到产品销售，均由事业部负责，实行单独核算，独立经营。旅行社总部只保留人事决策、预算控制和监督大权，并通过利润等指标对事业部进行控制。也有的事业部只负责指挥和组织生产，不负责采购和销售，实行生产和供销分立，但这种事业部正在被产品事业部所取代。还有的事业部则按区域来划分。其优点是旅行社的管理层摆脱了具体的日常管理事务，有利于集中精力作好战略决策和长远规划；由于组织最高层与事业部的责、权、利划分比较明确，能较好地调动经营管理人员的积极性，提高了管理的灵活性和适应性。其缺点是：由于机构重复，造成了管理人员的浪费，增加了管理费用；容易产生本位主义和旅行社内部消耗；由于分权造成忽视整个组织的利益，协调比较困难。事业部制组织结构模式见图 3-3。事业部制组织结构适用于大型旅行社或跨地区经营的旅行社。

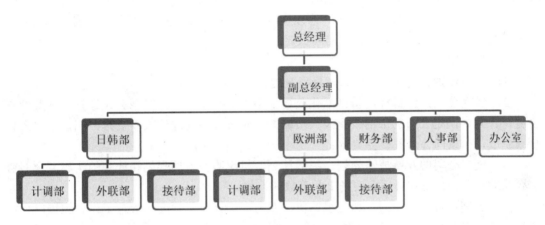

图 3-3　事业部制组织结构模式

## 三、旅行社岗位职责与工作特点

按旅行社企业性质分类，旅行社目前的体制分为国有独资、国有控股、国有参股、民营股份、个体经营等。形式有未改制企业、已改制或重组企业、综合性集团公司、股份有限公司、有限责任公司、股份合作制。体制和形式不同，决定了企业内部的管理部门及岗位设置有所不同。

### （一）领导机构岗位及特点

#### 1. 董事会及董事长

股份制企业的领导机构和岗位有：大中型企业设有董事会(或董事局)、监事会，是股东大会的常设权力机构。董事会由董事长(董事局主席)、副董事长及董事组成，有些设有独立董事；监事会由监事组成，《公司法》里都有明确的规定。董事会审查批准企业机构设置、对外合作与投资等重大事宜，聘请公司总经理(总裁)、任命公司领导班子、审查分配方案等。董事长是企业的法人代表，有权与员工签订用工合同、召开董事会、对外代表企业签订合同和协议。

小型企业往往不单独设董事会和监事会；只设董事和监事。

董事会聘用董事会秘书，职责是记录会议内容并上传下达。

#### 2. 党委或党支部

党委或党支部为基层党的组织，有党委书记或党支部书记，负责企业党务工作。大中型企业一般设有专职书记,或由董事长、总经理兼任。

### 3. 工会

工会代表工会会员利益,组织工会活动。工会主席单独设置,或由公司副总经理兼任。有些大中型旅行社还设有共青团组织。

### 4. 总经理

总经理全面负责企业的经营和管理,对上级部门或董事会负责,如是国有企业,一般为企业法人;总经理有权选聘企业其他领导成员,并报上级机关或董事会同意,做出书面任命或聘任,同时聘任公司各部门负责人。

其岗位守则及行为规范如下:

(1) 以身作则,遵守公司的各种规章制度。

(2) 领会公司经营目标,贯彻细化公司董事会的经营计划,根据公司经营目标及董事会经营计划,确定公司的部门设置及人员编制。负责部门经理的人事安排,制定公司各种规章制度,全权向公司董事会负责。

(3) 制订公司的发展战略规划、经营计划,组织监督各项规划和计划的实施。全面协调公司对外营销,确立公司在市场上的形象和地位。

(4) 提高综合分析能力、加强组织协调能力。推行公司制度化管理工作。积极向公司董事会提供对公司发展有利的决策。

(5) 负责公司的综合管理,坚持原则,实事求是,恪尽职守,清廉公正,自觉抵制不正之风。积极采纳员工的合理化建议,抓好员工专业知识培训工作。

(6) 严格监控各部门工作,发现问题果断采取相应措施,及时解决问题。

(7) 负责对部门经理的绩效考核,有权建议对各级管理人员和职能人员的奖惩、任免及晋升。

(8) 关心员工,体察下情,发扬民主,倾听不同意见,明辨是非,知人善用。善于发现人才,使用人才,培训人才,提升人才,推荐人才,发挥各类专长人才的作用,调动他们的积极性和自主性,为公司发展储备人才。

### 5. 副总经理

副总经理协助总经理管理企业,往往分管某一方面的工作,对总经理负责,一般设有数人。有些企业设有常务副总经理,在总经理出差、生病住院或其他原因无法履行职责时,临时替代总经理,负责全面工作。如果未设常务副总,由总经理指定临时负责人。

### 6. 财务总监

财务总监全面分管公司财务工作,代表公司应对财政、税务、审计、物价、旅游等部门。

### 7. 市场总监

市场总监分管市场销售工作,一般大型企业才设置。

### 8. 质量总监

质量总监分管质量控制工作,负责处理投诉和其他质量事故,多为大型企业设置。

### 9. 总经理助理

总经理助理直接协助总经理工作，受总经理领导，并完成总经理交付的工作，在职权和待遇上在副总之下，但一般纳入公司领导层。

### 10. 分公司总经理

近年来，由于业务发展，不少旅行社设立分公司，并设总经理。有些企业将其纳入领导层，多数则归入部门和门市部管理。

## (二)管理部门岗位及特点

### 1. 办公室(总经理办公室)

办公室(总经理办公室)是企业行政归口管理部门，也是党团管理部门，是企业主要的对外窗口之一，其主要工作岗位如下。

(1) 主任，具体负责公司行政工作，往往代表企业对外处理一般事务，是上传下达的总负责人。

(2) 副主任，协助主任分管办公室工作，比如，制定规章、文书档案、合同印章、导游管理、协调上下、文秘打印、事故处理等。

(3) 工作人员(干事)，具体办理公司各项事务，如两人以上，则各有分工。

(4) 勤杂人员，如清洁卫生、安全保卫、外勤送件、司机等。

### 2. 财务部

为加强对公司财产的管理，控制公司的营业成本，提高公司利润，根据国家对企业管理的相关法律政策，设立财务部。财务部设立部门经理或主管一职负责公司的财务工作，负责人必须具有国家审计和财政部门颁发的相关职业资格证书，或有一定的财务管理经验和超强的财务管理能力，由总经理或董事会直接任命，对公司财务管理负责。根据工作需要，财务部应配备具有国家审计和财政部门颁发的相关职业资格证书的工作人员。

财务部的职责主要有：遵守国家对企业财务管理的法规政策及职业道德；遵守企业的各种管理制度；认真做好本职工作，按时把各项财务报表上交到国家相关财政管理部门及公司相关管理者；做好财务分析报告，为公司管理者提供可靠的财务分析数据，提供合理化的管理意见和建议；将业务往来账款信息及时通知相关人员，督促并协助业务人员追收未收账款；配合行政部门为公司工作人员配备相关的工作用具；根据公司的工资福利制度，对公司工作人员进行业绩评估，为其发放应得的工作报酬；根据公司财务保密制度及财务人员职业道德规范，对公司财务信息保密。

其主要工作岗位如下。

(1) 经理，应具有高级会计师或会计师资格。

(2) 副经理，应具有会计师资格。

(3) 会计，具有会计师资格，主要是会计账务处理。

(4) 出纳，银行汇兑、发票和现金管理。

## (三)业务部门岗位及特点

业务部门是旅行社的要害部门，集利益和风险于一身。该部门的职能为产品采购、产品制作、产品销售、产品运作、质量处理等。大中型旅行社分工较细,小型旅行社往往合而为一,业务职能基本一致。中型旅行社的主要业务部门有以下几个。

### 1. 市场销售部

市场销售部也称外联部,按市场划分,可分为国际部、国内部、出境部、散客部等;按语种划分,可分为日本部、美大部、韩国部等。其主要职责是:采购景区景点、交通、住宿、餐饮、购物、演出、导游服务、行李运送、广告刊登等方面的价格;根据客户要求,初步制作成旅游行程;制作各类宣传品(印刷、幻灯、声像等);向客户销售;团队确认后向计划调度部门下达计划;核对团队费用结算表,作为财务部门核算结账凭据。其职务如下。

(1) 经理,负责全面工作,国际社的销售部门负责人必须懂外语。
(2) 副经理,分管某一市场销售工作,对经理负责。
(3) 销售经理(业务员),具体操作市场销售业务。
(4) 门市部销售员,负责直接对游客提供咨询及办理参团手续。
(5) 上门促销员,向单位、社区、个人和旅行社同业发送资料,也办理参团手续。

一些旅行社还设有公关宣传部,专做产品及资料收集工作。还有一些旅行社将部分财务人员纳入销售部门,便于衔接与客户的结算,防止脱节,减少失误。

### 2. 计划调度部

计划调度部的主要业务范围是:负责公司旅游资源的研发采购,开发设计旅游线路;维护与旅游景点、旅游饭店、旅游交通部门及合作旅行社的关系,负责旅游景点门票、旅游饭店的预订,导游人员、旅游交通的调度等;加强自我学习,提升开拓创新能力,根据公司经营目标、季节变换及社会时事活动等,开发新型旅游产品;协助公司管理人员对导游、前台及业务人员进行旅游专业知识培训;收集、听取其他部门的反馈信息,努力提高旅游产品质量,降低成本,对旅游产品定价提出合理化建议。

其主要工作岗位如下。
(1) 经理,负责全面工作,要求社会关系广,交际能力强。
(2) 副经理,协助经理分管某部分业务。
(3) 业务经理(业务员),具体办理团队运行的各项事宜。
(4) 有些旅行社将计划调度归入销售部门,因为采购的价格共用,团队衔接紧密,避免出现问题。

### 3. 前台及导游部

前台及导游部的工作职责:接待公司来访人员,进行信息登记,并通知相关人员接待;接受散客预订,为散客办理相关手续,交给计调和财务人员;收集、整理游客的反馈信息,接受游客投诉,交给公司内部相关工作人员进行处理,把处理结果反馈给游客;加强自我业务学习,接受公司安排的培训,力争提高专业技能和服务水平;自觉加强自我职业修养,维护公司形象。

其主要工作岗位如下。
(1) 经理,负责导游管理和安排工作,同时参加接团。
(2) 副经理,分管导游业务的部分工作,以接团为主。
(3) 计划员,安排导游接团,处理计划表、导游证、导游旗、导游图、结算单、团队交接手续等事宜。

(4) 导游，分为外语导游和中文导游，目前有特级、高级、中级和初级之分。

### 4. 票务部

票务部主要负责购买团队和散客所需的飞机、火车、汽车、轮船等交通票。其主要工作岗位如下。

(1) 经理，全面负责票务工作，要求责任心强，公关能力强。
(2) 副经理，协助经理处理业务工作。
(3) 业务员，主要是跑外勤。

## 第三节 旅行社的主要产品

### 一、旅行社产品

旅行社产品是旅行社根据市场需求，通过采购并整合景点、交通、住宿、餐饮、购物、娱乐等单项服务产品，并将自己的服务贯穿于其中的、向旅游者提供在旅游活动过程中的全部产品和服务的总称。旅行社产品是旅游产品的一类，并且它是以固化形态的"产品包"形式出现，将旅行社的各项承诺和服务融入其中。它有很强的服务性质，但又不能简单地理解为服务，其主要职能是提供与旅游活动有关的服务，产出的主要是服务形态的产品。

旅行社产品最主要的反映形式"旅游线路"，实际上是旅行社从业人员经过市场调查、筛选、组织、创意策划、服务采购、广告设计等最终生产出来的。当旅游者购买这个"旅游线路"，并在法律上得以承认(发票、合同是有效的)，"旅游线路"就以具体化或变成"有形物"而成为"旅行社产品"。

### 二、旅行社主要旅游产品

旅行社的旅游产品，即旅游线路具有一定的区域性，不同地区的旅行社提供的旅游产品是不一样的，下面以青岛旅行社为例，对地接产品和组团产品进行阐述与解释。

#### (一)地接产品

地接产品是青岛地接社为旅游者提供的有关旅游目的地的交通、饮食、观光等旅游服务的产品。就目前而言，青岛地接产品主要有两种：半岛游与山东全线。

#### 1. 半岛游

半岛游的旅游线路主要包括青岛、烟台、威海这三个城市及其相关景区，表3-2是青岛常见的半岛游的旅游线路。

表 3-2　青岛—烟台—威海—蓬莱双飞纯玩三晚四天游

| 天数 | 交通 | 行程内容 | 住宿 |
|---|---|---|---|
| D1<br>月 日 | ✈<br>🚌 | 广州—青岛　　　　　　　　　　　　　　　　午餐：✓　晚餐：✓<br>广州新白云机场集合，乘坐南方航空 CZ3533(0825-1125)飞往有"东方小瑞士"美称的青岛，抵达后用午餐，餐后游道教圣地——崂山风景区：崂山是我国漫长海岸线上唯一的一座高度在千米以上的山峰，因而崂山又被称为"近海名山"。崂山有"海上名山第一""神仙宅窟"之美誉。游南线风景区，这里是雨中观竹绿，雪中看花开，游崂山太清宫(约 45 分钟)，崂山所有的宫、观、庵中，太清宫历史最久，规模最大。主要景点有单开山门独立围墙的三宫殿、三清殿、三皇殿三座殿堂，另有忠烈祠、经神祠两处庭院。这里仅次于北京的白云观，称为全真道教"天下丛林第二"。 沿途观著名象形石——青蛙石、石老人，观看崂山两大名瀑之一的龙潭瀑。晚餐后入住酒店 | 青岛<br>★★★★ |
| D2<br>月 日 | 🚌 | 青岛—蓬莱—威海　　　　　　　　　　早餐：✓　午餐：✓　晚餐：✓<br>早餐后赴被历代皇帝视为神仙住地并寻求长生不老仙药的人间仙境——蓬莱(车程约 3.5 小时)，它坐落于黄海之滨，是八仙过海的美丽传说的发生地。游览蓬莱阁风景区(约 1.5 小时)：蓬莱阁位于烟台市蓬莱区西北 1.5 公里临海的丹崖上，占地 3.28 公顷。层楼重阁掩映在苍松翠柏之间，海水浩渺，云雾变幻，素有"人间仙境"之称。加之秦始皇访仙求药的历史故事和八仙过海的神话传说，更使它蒙上了一层神秘的色彩。后赴花园城市——威海(车程约 2.5 小时)，抵达后游被评为山东省城市设计精品工程银奖的威海公园(约 30 分钟)，然后前往大型韩国服装集散地韩国服装城(约 40 分钟)自由购物。晚餐后入住酒店 | 威海<br>★★★★ |
| D3<br>月 日 | 🚌 | 威海—青岛　　　　　　　　　　　　　早餐：✓　午餐：✓　晚餐：✓<br>早餐后乘船赴甲午海战地——刘公岛景区(约 2 小时)，游览刘公岛博览园，它是一处融甲午文化、英租文化、刘公文化为一体的综合性游览区。游览有着悠久历史和丰厚文化的刘公岛博览园及以北洋海军和甲午战争为主题的纪念遗址性甲午战争博物馆。参观琳琅满目的韩国服装城，购买物美价廉的韩国服饰、工艺品等，感受韩流影响下的威海时尚。午餐后赴青岛(车程约 3.5 小时)入住酒店 | 青岛<br>★★★★ |
| D4<br>月 日 | 🚌 | 青岛—广州　　　　　　　　　　　　　早餐：✓　午餐：✓晚餐：自理<br>游览青岛的市内风光：青岛市内十景之首的青岛百年标志——栈桥(约 30 分钟)，"泛海碧舟"游青岛——海上观光(约 30 分钟)，乘游艇观看青岛三个海湾及黄金海岸线，海上看琴屿飘灯的小青岛，岛上绿树成荫、树影婆娑、白灯塔翘然而立环眺青岛湾景色。登小鱼山(约 20 分钟)欣赏富有异国情调的德式建筑，感受康有为老先生所说的"红瓦、绿树、碧海、蓝天"的美景。小鱼山公园是离海最近的一座山。青岛市政广场——五四广场(约 30 分钟)，位于广场中心的鲜红的雕塑"五月的风"成为新青岛的典型标志。参观 2008 年奥运会帆船基地——奥运主题公园(约 30 分钟)。午餐后参观青岛啤酒博物馆(约 1 小时)，了解青岛啤酒的历史，品新鲜啤酒。后乘山东航空 SC4677(1625-1925)飞返广州，结束愉快行程 | |

续表

| 住宿标准 | 全程入住挂四星高级酒店,一人一床位,全程不提供自然单间,产生单房差须由客人现付费用 |
|---|---|
| 旅游交通 | 全程空调旅游车 |
| 导游服务 | 全程持证优秀导游随行服务 |
| 景点门票 | 含行程之中第一门票(不含景点第二门票和另行付费项目和推荐项目门票) |
| 儿童标准 | 2～12岁儿童(1.4米以下)含旅游车一正座车位、导服、半价餐!不含床位、景点门票;如产生其他费用须客人自理 |
| 旅游保险 | 最高保额10万元/人旅行社责任险 |
| 购物(推荐) | 渔村海产品超市(土特海产)、海研(鱼油)、威海868特殊钢展示(刀具)、威海土特产市场(干海产)(每次停留大约40分钟,绝无强制消费) |
| 友情提示 | 1. 青岛、烟台、威海、蓬莱都是海滨旅游城市,为了游客安全,不建议到海边游泳。<br>2. 注意安全,听从安排,跟随导游进行游览,不要擅自离队;登山时不能只看美景,要注意脚下,拍照时不要越过危险标志。<br>3. 在游览过程中遵守景区规定;如身体不适,及时提出,适当休息;参加自费项目时,考虑个人身体条件,自愿参加。<br>4. 在游览过程中妥善保管好随身携带的财物,在入住酒店期间,遵守酒店规章制度,贵重物品寄存酒店,因自身原因造成的人身和财产损失旅行社不承担责任。<br>5. 旅游期间,为了方便游客游览,在不减少景点的情况下,可以根据当地实际情况,调整景点游览顺序。<br>6. 威海—大连普通客轮一般都是双向对开,且一般都20:30左右发船,次日4:00左右抵达,无法提前入住酒店。(按照酒店相关规定当天入住时间以12:00以后计算)游客可在客轮同意办理延住情况下,在船上办理延住,延住到5:00左右,费用由客人自理。<br>7. 山东省宾馆、酒店不提供免费一次性日用品,请游客自备卫生洗漱用品。<br>8. 因散客拼团,吃团餐时如遇人数不足十人的情况,相应减少菜品数,或由导游现退客人餐费,由客人单点。<br>9. 本报价为优惠过后的价格,烟台、威海、蓬莱段所含景点老年证、残疾证、军官证、学生证等特殊证件不再产生优惠,崂山如产生优惠,均按旅行社协议价差价退费;小青岛为赠送景点,不游览不退费 |

## 2. 山东全线

山东全线包括济南、泰安、潍坊、青岛、烟台与威海等城市的景点。表3-3是山东全岛双飞六日游。

表3-3　山东全岛双飞六日游

| 天数 | 交通 | 行程内容 | 住宿 |
|---|---|---|---|
| D1<br>月　日 | ✈<br>🚌 | **广州—济南—泰安**　　　　　　　　　　　午餐：✓　晚餐：✓<br>于广州机场乘＿＿航班(参考航班)飞往"家家泉水，户户垂柳"的泉城——济南游览有"天下第一泉"之美誉的趵突泉：被喻为济南城市的灵魂，园中除泉眼外，另建有李清照纪念堂，立有李清照汉白玉雕像，在此可感受女词人特有的人格魅力。(四大名泉之一的"黑虎泉"位于老城区东南，因池南壁有三个石雕虎头，泉水从虎口流出而得名。该泉水击柱石，声如虎啸)然后前往济南城市客厅——泉城广场：拥有山东著名历史人物长廊，让你置身在孔子、孟子、孙子、诸葛亮、扁鹊、管仲等著名的历史名人的雕像长廊中，体会2500多年的圣人思想。后乘车前往泰安(车程约1.5小时)，晚餐后入住酒店 | 泰安<br>★★★★ |
| D2<br>月　日 | 🚌 | **泰安—曲阜—济南**　　　　　　早餐：✓　午餐：✓　晚餐：✓<br>早餐后游览五岳之首——泰山，登泰山小天下——游南天门，天街，登上泰山极顶——玉皇顶(含上下缆车)，观齐鲁大地，感受一览众山小之气势。后赴孔子故里曲阜(车程约1小时)，游览孔府：孔府与孔庙毗邻，是孔子世袭"衍圣公"的世代嫡裔子孙居住的地方，我国历史上延续时间最长的封建贵族庄园。孔庙：它同北京的故宫、河北承德的避暑山庄并称为中国的三大古建筑群。孔林：它是孔子及其家族的专用墓地，是中国也是世界上规模最大、持续年代最长、保存最完整的一处家族古墓群。随后乘车赴"家家泉水，户户垂柳"的泉城——济南(车程2.5～3小时)，晚餐后入住酒店 | 济南<br>★★★★ |
| D3<br>月　日 | 🚌 | **济南—淄博—潍坊**　　　　　　早餐：✓　午餐：✓　晚餐：✓<br>早餐后赴淄博(车程约1～1.5小时)游览陶瓷博物馆：淄博是中国三大陶都之一，黑陶文化的发源地，山东人民祖先东夷人的智慧结晶。后游览号称"天下第一村""旱码头"的中国古商业文化的优秀代表"古商城"——周村古商城。被专家称为"活着的古商业街市博物馆群"。电视剧《大染坊》就是在周村古商城进行的实地拍摄。后赴风筝之都潍坊(车程1～1.5小时)，参观杨家埠民俗大观园，为仿古建筑，四合院结构。后参观木版年画，风筝博物馆：杨家埠是中国三大木版年画的主要产地，以杨家埠风筝为代表驰名中外。晚餐后入住酒店 | 潍坊<br>★★★★ |

续表

| 天数 | 交通 | 行程内容 | 住宿 |
|---|---|---|---|
| D4 月 日 | 🚌 | **潍坊—蓬莱—威海** 　　早餐：✓　午餐：✓　晚餐：✓<br>早餐后赴被历代皇帝视为神仙住地并寻求长生不老仙药的人间仙境——蓬莱(车程约 2.5 小时)，游览八仙渡海口景区，它坐落于黄海之滨，以八仙过海的美丽传说为背景，主要景点有：会仙阁、八仙祠、八仙桥等。(蓬莱阁风景区：蓬莱阁位于蓬莱区西北 1.5 公里临海的丹崖上，占地 3.28 公顷。层楼重阁掩映在苍松翠柏之间，海水浩渺，云雾变幻，素有"人间仙境"之称。加之以秦始皇访仙求药的历史故事和八仙过海的神话传说，更使它蒙上了一层神秘的色彩)后乘车前往花园城市——威海(车程 2.5～3 小时)，抵达后游览被评为山东省城市设计精品工程银奖的威海公园，前往大型韩国服装集散地韩国服装城自由购物，后入住酒店 | 威海<br>★★★★ |
| D5 月 日 | 🚌 | **威海—青岛** 　　早餐：✓　午餐：✓　晚餐：✓<br>早餐后赴有"东方小瑞士"美称的青岛(车程 3.5～4 小时)，抵达后游览道教圣地——崂山风景区：崂山是我国漫长海岸线上唯一的一座高度在千米以上的山峰，因而崂山又被称为"近海名山"。崂山有"海上名山第一""神仙宅窟"之美誉。游南线风景区，这里是雨中观竹绿，雪中看花开，游崂山太清宫，崂山所有的宫、观、庵中，太清宫历史最久，规模最大。主要景点有单开山门独立围墙的三宫殿、三清殿、三皇殿三座殿堂，另有忠烈祠、经神祠两处庭院。<br>这里仅次于北京的白云观，称为全真道教"天下丛林第二"。沿途观著名象形石——青蛙石、石老人(游北线风景区——北九水，北九水是崂山风景区的一条旅游主线，人称"九水十八潭，天然画廊"。人行河畔小路，转折处须涉水而过，亦九涉；每涉一次为一水，故称九水)。参观青岛啤酒博物馆，在那里您可以感受青岛啤酒百年传承文化及酿造过程，并免费品尝新鲜的青岛啤酒。晚餐后入住酒店 | 青岛<br>★★★★ |
| D6 月 日 | 🚌✈ | **青岛—广州** 　　早餐：✓　午餐：✓　晚餐：自理<br>早餐后游览青岛的标志——栈桥，以及素有万国建筑博览园之称的八大关风景区：它是最能体现青岛特色的一片风景疗养区，因为贯穿景区内的 8 条主要道路是以我国 8 个著名关隘的名字命名的，所以称这里为八大关。登小鱼山欣赏富有异国情调的德式建筑，感受康有为老先生所说的"红瓦、绿树、碧海、蓝天"的美景。游新城市广场——五四广场，位于广场中心的鲜红的雕塑"五月的风"成为新青岛的典型标志。隔海远观 2008 年奥运会帆船基地——浮山湾，游览完毕后汽车往机场乘＿＿＿航班(仅供参考)飞返广州，结束愉快行程！ | |

## (二)组团产品

### 1. 国内组团产品

　　青岛旅行社的国内组团产品，旅游目的地较多，类型比较多样，下面以青岛独立成团北京四日游(见表 3-4)为例进行说明。

表 3-4　青岛独立成团北京四日游

| 天数 | 交通 | 行程内容 | 住宿及餐饮 |
|---|---|---|---|
| 第一天 | 旅游空调车 | 接团后，参观明清皇帝祭天圣地天坛公园(1 小时)(首道)、赠送军事博物馆(40 分钟)、车游菖蒲河公园，皇城根遗址公园，逛金街——王府井大街，东华门小吃一条街 | 宿：北京<br>无餐 |
| 第二天 | 旅游空调车 | 早餐后参观庄严的升国旗仪式，游览天安门广场，参观庄严肃静的毛主席纪念堂(若开放)，瞻仰人民英雄纪念碑，远观人民大会堂，品味豪华壮丽并集五千年民族艺术和文化精髓的明清两朝24代帝王皇宫——故宫(2 小时)，观风景秀丽、可览故宫全貌的景山公园(30 分钟)，参观府邸——恭王府花园(自费)，它是北京保存最完整的清代王府，前身为乾隆宠臣和珅的宅第，有"王府之冠"之称 | 宿：北京<br>早中晚 |
| 第三天 | 旅游空调车 | 参观玉器店(40 分钟)，游八达岭长城(约 120 分钟)。抵达八达岭长城后，安排 2～3 小时游览气势磅礴、世界上最长的防御城墙万里长城，登好汉坡，体验"不到长城非好汉"的豪迈心情(温馨提示：登 888 米的好汉坡，请根据您身体状况量力而行)(长城滑道往返自理)。果脯土特产店(40 分钟)，中餐后，参观 2008 年北京奥运会的会场——鸟巢、水立方、奥运公园等建筑群体外景 | 宿：北京<br>早中晚 |
| 第四天 | 旅游空调车 | 早餐后游览清代帝后避暑胜地的皇家园林——颐和园(约 120 分钟)，赏碧波涟漪的昆明湖，观苍翠如黛的万寿山，在山水画卷中体会益寿延年的真谛。参观貔貅店(40 分钟)，游览圆明园(自费)：有"万园之园"的美称，它建成于清朝乾隆年间，原有亭台楼阁 140 多处，总面积达 350 万平方米。赠送景泰蓝手工制作坊，沿途观清华、北大两大学府外景、中央电视塔(自费)，晚送首都机场 | 早中餐 |

**自费项目：** 恭王府(120 分钟)　明皇宫(50 分钟)　长城滑道(60 分钟)　胡同游(40 分钟)　海底世界(60 分钟)　电视塔(50 分钟)　人民大会堂(30 分钟)　慈禧水道(60 分钟)

**报价包含内容：** 往返的交通：去程动车(二等座)或早班机，回程晚班机或动车，包含机建

住宿：双人标准间　　　用餐：全程三(四)早五正(十人一桌，八菜一汤)

门票：行程内各景点首道门票(不含自费项目)　　　用车：全程旅游空调车　优秀导游服务

说明：　敬告贵宾

1. 请务必带齐身份证等各种有效证件，以便入住和登机时使用。
2. 以上行程所含内容均会出现调整的情况，但我社承诺不会减少任何安排。
3. 旅游期间如客人自愿放弃当地景点、用车、用餐以及住宿，费用均不退还。赠送、加游、自费景点我社有权根据实际情况增减。
4. 如出现单男、女尽量拼三人间，如无法安排三人间请客人补齐单房差。
5. 客人在北京游览期间对我社接待质量未提出疑义我社备案为满意。客人以意见单为主，回程后客人再提出疑义的，请恕我社不再受理。
6. 接团：北京站出站口，西客站北二出口(地下)；送机：送机场大巴站，客人自乘机场大巴到飞机场(费用自理)。
7. 如遇人力不可抗拒原因(天气、航班、火车变化等)，造成的行程变化和景点减少，本社只负责退还未发生费用，不承担由此造成的损失和责任，造成的行程延误和价格变动，由游客自己承担，我社只负责协调。

## 2. 出境组团产品

青岛旅行社的出境组团产品以新马泰、日韩等国家居多，下面以泰国普吉岛为例进行说明，如表 3-5。

表 3-5　浪漫普吉豪华六日游

出发地：青岛　　　　航空公司：大韩航空

酒店：尊享之旅

五星酒店 AMORA 或 TROPICAL GARDEN 三晚

独栋豪华别墅 ABSOLUTE CHANDARA 一晚。

出团日期：

行程特点：椰林树影，水清沙幼，迷上安达曼，恋上普吉岛，悠闲轻松，魅力普吉，体验真正乐趣的假期，不容错过！

◇割喉群岛宁静海泛舟之旅

◇美丽攀牙湾，海上国家公园

◇珊瑚岛+翡翠岛艳阳之旅

◇PP 岛悠闲南国岛屿之旅

◇SIMON 人妖秀歌舞表演

◇沙法里四合一

◇普吉五星级度假酒店+独栋豪华别墅

◇文化村泰式风味餐、韩国烤肉 BBQ 自助餐、泰式海鲜大餐

| 日期/行程 | 内　　容 |||
|---|---|---|---|
| DAY 1<br>青岛 ✈ 韩国<br>✈ 普吉 | 普吉<br>青岛流亭机场集合，由韩国转机前往泰国南部有"东方夏威夷"美誉的著名度假胜地——普吉岛，抵达后入住酒店休息 |||
| | 航班时刻：KE 842(1450/1720)-KE 637(1900/2315) || (晚餐：飞机上) |
| 交通：飞机 | 住宿：AMORA 或同级 |||

续表

| 日期/行程 | 内 容 |
|---|---|
| DAY 2<br>普吉岛 | 攀牙湾—遥望007岛—割喉泛舟—沙法里四合———腰果—人妖秀<br>早餐后抵达乘车前往有"小桂林"之称的攀牙湾(车程约90分钟),岛上是奇异迷人的石群和矗立海中的断崖岛屿,一路乘游船沿海观赏由石灰岩组成的大小岛屿,洞顶垂吊向下的钟乳石。午餐于水上人家享用海鲜餐;可远观闻名世界的美国电影《007金枪客》片里的"占士帮007岛",亦为攀牙湾之最。特别赠送客人参加惊险刺激的"泛舟之旅"(30分钟)(一般团队为自费,卖价800铢/人。温馨提示请提前准备100铢/艇的小费,交于划艇工作人员),首先于船上完成两人或三人一组的配对,前往参观美丽而灿烂的钻石洞及滴成冰淇淋形状之钟乳石,不禁令人赞叹造物者之神奇,奇岩怪石嶙嶙峋峋地围绕在周围,九弯十八拐地循序造访,仿佛置身于瑶池仙境中。于13:30乘船返回码头(60分钟),随后参加我们特别为您安排的"沙法里之旅"(40分钟)(特别赠送,当地卖价600铢/人),骑大象,看猴子表演,割胶,并返回普吉市区前往参观当地土特产——腰果以及各种特产(60分钟)。晚餐至文化村享用泰式风味餐,当地厨师教您如何做泰式椰奶糕及凉拌木瓜丝等,并有泰式舞蹈表演秀为您载歌载舞来助兴。晚餐后前往观赏比女人更像女人的SIMON"人妖秀"(40分钟)表演VIP座 |
| | 早餐:酒店内　　　　午餐:攀牙湾水上人家　　　　晚餐:文化村泰式风味餐 |
| 交通:巴士 | 住宿:AMORA或同级 |
| DAY 3<br>PP岛 | PP岛—燕窝展示中心—皮具店—度假村别墅<br>早餐后前往码头乘坐8:30的船前往PP岛(游览时间约两个小时,整个航程如无风浪来回约五个小时),此岛被泰国观光局列为喀比府风景最秀丽之国家公园,亦为欧美旅客最向往之度假胜地。岛上风景优美,电影《海滩》(*THE BEACH*) 在此拍摄后,又再次掀起旅游热潮。您可休闲自由地在海滩游泳浮潜或来个日光浴。在此您可自费前往"小PP""情人沙滩""深海浮潜""面包喂鱼",感受小PP更清纯的一面,亦可游览"燕子洞",欣赏洞外奇观。中午在PP岛上享用风味餐。下午乘坐14:30的船返回普吉市区,之后前往参观燕窝展示中心(45分钟)和参观普吉特产——皮件及乳胶制品店(60分钟)。精神不错的话,可前往巴东闹市,品尝一下热带水果,感受一下独有的夜色。后前往普吉最富盛名的度假村——绝对臣达拉度假村休息 |
| | 早餐:酒店内　　　　午餐:PP岛上　　　　晚餐:园林海鲜餐厅——泰式海鲜大餐 |
| 交通:巴士 | 住宿:ABSOLUTE CHANDARA |

第三章　旅行社

续表

| 日期/行程 | 内　容 |
|---|---|
| DAY 4<br>珊瑚岛<br>+翡翠岛 | 珊瑚岛+翡翠岛一日游—珍宝苑<br>于酒店早餐后，前往码头搭乘快艇来到安达曼海域度假天堂——珊瑚岛(120 分钟)，您可以邀约碧海蓝天为伴，随意造访岛上任何一个角落，或是自费参加当地安排的水上活动，例如：体验潜水、海底漫步、降落伞、香蕉船、摩托艇，或者是在岛上好好享受一下大自然的洗礼，在阳光下来段午睡，偷得浮生半日闲。在岛上您可与热带鱼悠游海中，并可看到奇妙的海中世界。随后快艇前往充满浪漫气息的翡翠岛(120 分钟)，先享用午餐后在此处您可于岛上玩沙滩排球、麻将、飞镖、飞盘、沙滩滚铁球竞赛等，并可于沙滩躺椅上享受日光浴，然后搭乘快艇返回普吉岛。(两岛游览时间约四个小时)晚餐后返回酒店休息。下午 2 点左右返回普吉参观"珍宝苑"珠宝展示中心(120 分钟)，泰国著名特产红蓝宝石、珍珠、泰丝等让您自由选购，并提供各式免费果汁、啤酒、咖啡任您畅饮 |
|  | 早餐：酒店内　　　　午餐：珊瑚岛上　　　　晚餐：韩式烧烤BBQ |
| 交通：巴士 | 住宿：AMORA 或同级 |
| DAY 5<br>普吉岛 | 毒蛇研究中心—庆祖庙—神仙半岛—四面佛—免税—机场—仁川<br>早餐后专车前往"毒蛇研究中心"(90 分钟)，可欣赏精彩的人蛇大战，其园内与泰国皇室合作，共同研究金刚眼镜蛇的毒液萃取物对人体的抗癌、解毒及清毒的功效。前往游览普吉香火最鼎盛的"庆祖庙"(60 分钟)膜拜，寺中供奉着佛像可供游客为家人祈福，继而我们将前往游览"神仙半岛"(60 分钟)。爬上山坡，先去拜泰国的"四面佛"(60 分钟)。四面佛的四面顺时针方向第一面求平安，第二面求事业，第三面求爱情婚姻，第四面求金钱。四周摆放的数千只木刻或者金属小象都是香客还愿给佛的。拜完四面佛径直向前走到神仙半岛的尖角，不禁为扑面而来的蔚蓝大海和落日夕阳而惊叹起来。随后前往免税店(60 分钟)，为亲朋好友挑选精美礼品。晚餐后客人可自费享受 SPA 蒸汽草浴及精油芳香疗法 (90 分钟)，舒筋活骨，养颜美容，消除疲劳。之后带着依依不舍的心情，挥别迷人的普吉岛，由导游专人办理离境手续，我们将搭乘国际航班返回温暖的家园，祝您旅途愉快 |
|  | 早餐：酒店内　　　　午餐：中式餐点　　　　晚餐：泰式风味餐 |
| 交通：飞机 | 航班：KE 638(0045/0855) |
| DAY 6<br>普吉 ✈ 青岛 | 带着依依不舍的心情，挥别迷人的普吉岛，返回青岛，结束此一难忘的深情南洋之旅<br>交通：飞机　　航班时刻：KE 841(1305/1340) |
| 备注 | \*\*\*以上行程为参考行程，在接待标准不变的情况下，我社保留根据航班前往目的地当时情况调整行程顺序的权利。\*\*\*<br>报价包含：青岛往返的国际机票及税金；签证费；中文导游；行程中的膳食。<br>普吉岛住宿 3 晚五星酒店 AMORA(或同级)，及 1 晚 ABSOLUTE CHANDARA 别墅双人标准间；观光用车；景点第一门票；旅游意外险。<br>报价不含：护照工本费；自费项目；酒店内住宿费之外的其他费用；一切个人消费 |

续表

| 友情提示 | 1. 此行程为参考行程，具体行程和航班时刻以行前说明和出团通知为准，境外导游在不减少内容的情况下有权调整景点游览顺序。<br>2. 境外的当天行程到酒店休息为止，客人若参加自费活动请由导游带领，客人私自外出发生一切意外均与旅行社无关。<br>3. 游客必须按行程参加团队旅游，个人原因离团当地旅行社将收取离团费500元人民币/人/天。出现单间需补足差价。 |
|---|---|

## 第四节　旅行社市场营销

在市场经济条件下，任何企业的任何活动都离不开市场，离不开市场营销工作。作为旅游企业，旅行社的经营与管理自然也离不开市场营销工作。

### 一、旅行社市场营销的概念

旅行社市场营销，是指旅行社在充分了解旅游者需求的基础上所进行的对其产品、服务和经营理念的构思、预测、开发、定价、促销、分销及售后服务的计划和执行过程。

旅行社所销售的旅游产品包含有形产品和无形服务两个方面。旅行社的市场营销实际上就是买卖双方(旅行社和旅游消费者)进行货币对有形产品和无形服务的交换过程：一方面旅游消费者(买方)需要并愿意支付货币购买旅行社(卖方)的产品和劳务；另一方面旅行社(卖方)可能并愿意提供产品或劳务来获得旅游消费者(买方)的货币。由于服务的无形性，所有权的不能转移性、不可分割性，使得旅行社的服务营销比其产品营销更富竞争性。同时，在实际中，买卖(旅游消费者和旅行社)双方不存在自然的或自动的协调：旅行社(商品生产者)关心它们的产品或劳务是否能销售出去，关心它们所处的环境变化，关心其长期目标的实现；而旅游消费者则更为关心生产者(旅行社)所提供的产品和劳务是否能使他们获得价值和满足，并根据他们的需要和支付能力做出购买决策，因而买卖双方的关系一直是紧张的。为此，旅行社市场营销管理者必须收集、分析产品销售之前、销售中和销售后的信息，根据相关信息采取有效措施，平衡在商品交换过程中出现的供求双方的矛盾，使买卖双方在交换过程中各自追寻的利益趋于平衡，并根据旅游消费者的潜在需求和其他竞争者的经营决策来确定本企业的营销活动，增强旅行社的经营效果。

### 二、旅行社市场营销组合策略

旅行社市场营销组合是旅行社市场营销的核心部分，旅行社市场营销策略各项组合因素的内容如下。

#### (一)产品(Product)策略

现代旅游市场营销强调一切经济活动都应从旅游者的需求出发，根据旅游市场的需求制订旅游产品规划，开发旅游新产品。产品策略主要研究旅行社如何根据自己的优势和特点，在激烈的市场竞争中适时地推出自己的旅游产品组合，同时，根据产品的生命周期积极研制和开发新的旅游产品，真正做到"人无我有，人有我特，人特我新"，从而在市场竞争中长期处于主动地位。

## (二)价格(Price)策略

建立合理的价格体系，充分发挥经济杠杆的作用，是旅行社市场经营的重要一环。旅游产品的价格是市场营销最敏感的因素，必须以价值为基础。我国旅游事业的发展是一个以接待国际入境旅游为主，先国际旅游后国内旅游，以国际旅游带动国内旅游发展的常规发展过程。因此，研究和制定旅游产品的价格策略必须考虑与国际旅游市场的价格策略相结合，特别是要认真研究西方旅游业的定价策略。国外旅游产品的价格受市场供求关系影响很大，因此，我国旅游业的价格也必须灵敏地反映市场供求关系的变化，特别是外国旅游者与外国旅游业的变化情况。旅行社制定价格时，要研究影响旅游产品价格的各种因素，研究确定旅游产品价格的定价目标和旅游产品的定价方法。

## (三)促销(Promotion)策略

促销的目的不但是向旅游消费者出售其需要的旅游产品，而且可以刺激旅游需求，挖掘潜在旅游市场，不断扩大市场占有率。在旅游业发达的国家，旅游企业在产品促销过程中积累了丰富的促销经验，总结出成套的推销艺术和广告艺术。其销售一般分为两种：由推销员挨家挨户进行面对面(Person to Person)的推销，称为人员销售(Personal Selling)；以文字、广播、图像等大众媒介为工具而进行的推销，称为非人员销售(Non-Personal Selling)。促销策略的基本内容包括：培训推销人员、旅游产品的广告宣传、营业推广和旅行社的公关销售。

相关案例 3-1

### 高考结束，促销瞄准准大学生，火了枣庄旅行社

眼下，高考后的"减压旅游"早已成为旅行社志在必得的一块"蛋糕"。枣庄市市中区青檀路的一家旅行社工作人员告诉齐鲁晚报记者，最近接待的报名者基本上都是学生组团或者父母带孩子出游。该工作人员还表示，在高考之前很多家长就已经预约了。

"我们打算最近出去玩，想去成都，或者厦门。"刚参加过高考的学生温静告诉齐鲁晚报记者，高考后班上很多同学都相约出去旅游，父母也比较支持。采访中记者发现，不少旅行社都打出了高考季活动，还有不少旅行社6月份的行程有的经被预订出去了，像云南、成都、厦门等地的旅游费用在1500～3000元范围内。高考学生凭借准考证还能再便宜200～300元。

"这几天，家长咨询得特别多，高考生的优惠产品也在不断设计。"大自然旅行社的负责人告诉齐鲁晚报记者，按往年经验，高考后一周是家长报名出游的首个高峰，本地的考生选择国内游的比例较高，行程一般是5～6天的慢游，人均花费在5000元以内，"像一些出境游，日本、泰国和一些欧洲国家比较受学生青睐。"该负责人说，6月份的出境游在6月初就已经预订完了，现在订只有7月初出门的了。欧美市场稍贵，人均约1万元到1.5万元之间。

(资料来源：https://baijiahao.baidu.com/s?id=1603141988961097172&wfr=spider&for=pc)

### (四)销售渠道(Place)策略

现代旅行社为实现旅游市场规模化经营,必须不断地增加旅游产品的销售量,而如何将各种类型的旅游产品通过某种途径传递到旅游消费者手中,自然成为旅行社市场营销的一个重要方面。销售策略在更好地满足旅游者的需求、更快更便捷地进入目标市场、缩短产品传递的过程、节省产品的销售成本方面起积极作用。现代旅游产品的流通一般都要通过大量批发商、代理商以及零售商等多重环节,尤其是国际旅游,更需要通过当地旅游经销机构的促销,旅行社往往因此加大了旅游产品中的营销成本。因此,流通渠道的选择对扩大旅游市场、提高旅游市场占有率有着重要的作用。销售策略研究的主要内容包括旅行社销售渠道的模式、旅游中间商及旅行社销售渠道的选择。

### (五)从业人员管理(People's Management)策略

旅行社的产品有很大一部分是服务产品,服务产品质量的好坏决定了旅行社产品的质量和旅游消费者的满意程度,而服务质量的优劣和服务水平的高低与旅行社员工的素质和工作技巧密不可分。因此,采取一定的策略对员工进行有效管理,是旅行社市场营销的重要内容。

产品(Product)、价格(Price)、促销(Promotion)、渠道(Place)、从业人员管理(People's Management)的英文字母都是由 P 开头,故简称为"5P"。这"5P"都是企业自身可以控制的因素,市场营销组合就是指这 5 个"P"的适当组合与搭配。

## 三、旅行社产品促销

旅行社的市场营销活动,在提供能够满足旅游者需求的旅游产品和服务、制定合理的旅游产品价格和选择迅速、高效的分销渠道的基础上,还应该使用适当的促销手段将旅行社产品的有关信息传达给旅游消费者,实现旅游企业与旅游消费者间顺畅的信息沟通,由于旅游市场的高度竞争性、旅游产品的无形性和产销同一性,使得促销在旅行社产品比在其他有形产品的营销中发挥着更加突出而重要的作用。旅行社常用的促销方式有广告、营业推广、公共关系和人员推销 4 种。

### (一)广告

广告从字面上理解即"广而告之"的意思。作为促销手段的旅游广告,是指以付费的形式通过媒介作公开宣传,以达到影响消费者行为、促进销售相关产品目的的非人员促销方式。广告具有传播面广、表现力强和吸引力大的特点,并因此而成为促销活动中最活跃、最常用的手段。但广告同时具有滞后性的特点,在很大程度上,旅游广告不具备即效性,其效果往往会在较长时间后显现。

**1. 旅游广告职能**

尽管各旅行社使用广告的目的和方法有所不同,但旅游广告的职能作用主要表现在以下几个方面。

(1) 传递信息,促进销售。传递信息是广告最基本的作用。广告能够帮助旅游消费者了解产品质量、用途,以及购买时间、地点、价格等信息,引导旅游消费者的需求,影响其心理过程,激发其购买行为,创造销售机会。

(2) 开拓市场,指导和引导消费。旅游市场上旅游产品繁多,并且是以买方市场为主,因而旅游消费者的购买弹性较大、选择性较强,在选择旅游产品的过程中往往会参考广告。广告的积极、主动的功能突出表现在通过广告宣传刺激旅游消费者的消费动机,唤起新的消费意识,并引导旅游消费者进行健康消费。

(3) 树立企业及产品形象,提高知名度。无论是各类旅游企业还是旅游目的地,不仅要树立产品形象,更要在公众心目中树立起品牌形象。这种形象的最终形成,除了要借助各种实质性手段(消费者购买与消费)外,还要依赖于沟通性手段(价格与促销等)的运用。通过广泛的广告宣传,可以在一定程度上赢得客户及各类公众的认知、认同和赞誉,从而不断培育和强化其企业及产品形象。

2. 旅游广告类型

根据使用媒介的不同,旅游广告主要分为报刊广告、电波广告(利用广播和电视)、户外广告(利用广告牌、灯箱、条幅等各种室外展示物)、自办宣传品广告(如招贴、地图、手册、音像材料、文化衫等)。

无论是多么富有创意的旅游广告信息,都必须在恰当的时间内准确地将信息传递给目标受众,才可能实现广告目标。主要广告媒介及其优点和局限见表3-6。

表3-6 主要广告媒介及其优点和局限

| 媒 介 | 优 点 | 局 限 |
| --- | --- | --- |
| 报纸 | 灵活、及时,当地市场覆盖面广,能广泛被群众接受,可信性强 | 保存性差、复制质量低、传阅者少 |
| 电视 | 综合视觉、听觉和动作,富有感染力,能引起高度注意,触及面广 | 成本高、干扰多、瞬间即逝,观众可选择性差 |
| 直接邮寄 | 观众有选择性,灵活,在同一媒体内没有广告竞争,个性化 | 相对成本高 |
| 广播 | 大众化宣传,地理和人口方面的选择性较强,成本低 | 只有听觉效果,宣传短暂,听众分散 |
| 杂志 | 地理及人口选择性强,可信度高,制作质量好,保存期长 | 费用高、位置无保证 |
| 户外广告 | 灵活,复现率高,费用低,媒体竞争少,位置选择灵活 | 观众选择性差,创造性差 |
| 互联网 | 不受时间、空间限制,易复制,易于修改和补充,制作和上网费用低,观众选择性强 | 被动地等待搜索,受计算机和因特网普及程度影响 |

## (二)营业推广

营业推广是一种短期内刺激销售的活动,又称销售促进。旅游营业推广是指旅游企业在某一特定的时空范围内,通过刺激和鼓励交易双方,并促使旅游者尽快购买或大量购买旅游产品及服务而采取的一系列促销措施和手段。其预期的效果是使旅游者产生立即购买或大量购买的行为。如果说公共关系提供的是企业形象，广告促销提供的是购买理由，而营业推广提供的则是购买刺激。营业推广是一种适宜于短期推销的促销方法，由于营业推广的刺激比较强，较易吸引顾客的注意力，使顾客在了解产品的基础上采取购买行为，也可能使顾客追求某些方面的优惠而使用产品。因此，营业推广在促销手段中应用得比较广泛。

### 1. 免费营业推广

免费营业推广是指向旅游消费者提供免费的物品或利益。在提供短程旅游产品领域里，这种营业推广刺激和吸引力强度最大，消费者也乐于接受，包括赠品、免费样品品和赠品印花3种。

### 2. 优惠营业推广

优惠营业推广是以低于正常价格水平的价格向旅游消费者或经销商提供旅游产品，其核心是推广者让利，接受者省钱。优惠营业推广工具十分广泛，重点是运用折扣衍生出的多种推广工具，如折价券、折扣优惠、退款优惠等。

### 3. 竞赛营业推广

竞赛营业推广是利用人们好胜、竞争、侥幸和寻求刺激等心理，通过举办竞赛、抽奖等富有趣味和游戏色彩的推广活动，吸引旅游者、经销商或销售人员的参与兴趣，推动和增加销售。主要工具有旅游者竞赛与抽奖、经销商销售竞赛和推销人员的销售竞赛等。

### 4. 组合营业推广

组合营业推广是免费、优惠、竞赛、抽奖等各类促销工具的综合应用与组合搭配。

## (三) 公共关系

公共关系就是以公众为对象、以沟通为手段、以互惠为原则，建立与不同公众的良好关系，树立本组织的良好形象。旅游作为一种高层次的消费活动和审美活动，很容易因此成为一个国家或地区的"形象"产业而备受异地和本地公众的关注。同时，旅游产品的综合性与整体性，使得其"生产"需要全社会各方配合。由此决定了旅游公共关系对旅游行业发展的重要意义，而旅行社尤其应该重视。

旅行社的公共关系促销是通过策划一系列公共关系促销活动来实施的。因此，策划公共关系促销活动是旅行社公共关系部门经常性的业务工作。常用的旅游公共关系促销活动主要是参加旅游展览(销)会、策划社会赞助活动、举办记者招待会等。

### 1. 参加旅游展览(销)会

旅游展览(销)会是通过展台方式展示旅游资源、旅游线路和旅游设施及服务的一种公关专题活动，并可利用各种宣传手段(包括印刷宣传品、图片、实物、模型、录像、工艺品制作和文艺表演等)宣传推广旅游产品，同时可进行旅游业务咨询、旅游业务洽谈等活动。许多国家和地区每年都要举行各种规模的旅游展览会，如世界上规模最大的柏林国际旅游博览会。目前国家旅游局主办的两年一度的上海国际旅游交易会是我国规模最大、档次最高的旅游展览(销)会，许多省市、协作区、重点旅游城市都定期或不定期地举办各类旅游展览(销)会。旅行社参加旅游展览(销)会必须综合多种传播媒介的优点，运用复合型、综合型的传播方式，以独有的民族形式或独特风格布置展台，用富有特色的文字媒介(如印刷宣传品、导游图、游览景点简介、旅游企业简介、旅游指南、画册等)、声像媒介(包括录音带、幻灯片、电影、录像和多图像幻灯片等)、声音媒介(如讲解、交谈和现场广播)介绍风景名胜、风土人情，以及食、住、行、游、购、娱等方面旅游企业、旅游者关心的情况，精致的旅游纪念品、形象的画面、动人的解说、优美的音乐和生动的造型艺术(如模型)的有机结合，产生引人入胜的感染力。通过展览与新老客户洽谈业务和签订组团合同。

### 2. 策划社会赞助活动

旅行社不仅是一个经济实体，也是社会的一个成员，对社会的公益事业有不可推卸的责任。旅游企业进行社会赞助的目的，是旅游企业以自己的实际行动体现该企业作为社会一名成员的责任和义务，从而为本企业树立起具有高度社会责任感的形象，提高企业的知名度和影响力，博取社会公众对企业的好感。旅游企业策划社会赞助的各类活动主要有赞助文化活动、赞助教育事业、赞助出版物、赞助旅游展览会和知识竞赛活动、赞助体育活动、赞助福利事业、慈善事业、赞助学术研究、赞助节日、庆典活动、赞助社区建设与活动等。

### 3. 举办记者招待会

记者招待会又称新闻发布会，是为公布重大新闻或解释重要方针政策，邀请新闻记者参加的一种特殊会议。它是旅行社广泛传播信息、吸引新闻界客观报道、搞好与媒介关系的重要手段。因此，记者招待会信息发布的形式比较正规，具有规格高、可信度高、内容严肃等特点。记者招待会有利于旅行社与新闻界朋友的充分交流和双向沟通，对营造良好的舆论环境有着重大促进作用。

## (四)人员推销

旅游人员推销就是指旅游企业从业人员直接与旅游消费者或潜在消费者接触、洽谈、宣传介绍旅游产品或服务，以促使其购买的活动过程。旅游人员推销是一种人与人沟通的方式，是旅游推销人员说服旅游者购买旅游产品的过程。在此过程中，实现旅游产品由推销人员向旅游消费者的转移，达到既做出交易、销售产品，又能满足旅游者需求、帮助他们解决问题的双重目的。

旅游人员推销属于直接促销，主要包括派员推销、营业推销、会议推销3种形式。

### 1. 派员推销

派员推销即旅行社指派专职推销人员携带旅游产品或服务的说明书、宣传材料及相关材料走访客户进行推销的方式。这是一种古老的、存在时间最长的推销形式。特别适用于推销员在不太熟悉或完全不熟悉推销对象的情况下，即时开展推销工作。这种方式的特点主要体现在推销人员主动向顾客靠拢。因此，推销员同顾客之间的感情联系尤为重要，要求推销人员既要有百折不挠的毅力，还要掌握寻找推销对象、把握恰当的推销时机、学会交谈艺术等推销技巧。

### 2. 营业推销

营业推销是指旅行社的从业人员，在接待旅游消费者的过程中销售旅游产品和服务的推销方式。从事接待服务的人员与顾客直接接触，以谈话方式向顾客介绍和展示产品与服务，回答询问，完成交易，担负着同专职推销员一样的职能。只不过形式独特，是顾客主动向推销员靠拢，推销人员依靠良好的销售环境和接待技巧，完成推销，满足顾客需求。

3. 会议推销

会议推销是旅行社利用各种会议介绍和宣传旅游产品或服务开展推销活动的方式。例如订货会、交易会、洽谈会、交流会、展览会、推销会、新闻发布会等。会议推销也是较为常见的人员推销形式。这种方式突出的特点是目标客户集中、接触面广、省时省钱、成交量大，而且推销员以隐蔽的身份出现在顾客面前，消费者的心理负担小，推销阻力也相应减弱，但对顾客产生的影响力却很大。

除以上介绍的 3 种基本推销形式外，还有小组推销、电话推销、书面推销、导购推销等多种人员推销形式。

## 本章小结

旅行社是指以营利为目的，从事旅游业务的企业。其中旅游业务是指为旅游者代办出境、入境和签证手续，招徕、接待旅游者，为旅游者安排食宿等有偿服务的经营活动。旅行社现在划分为拥有出境资质的旅行社和不具备出境资质的旅行社。申请设立旅行社，经营国内旅游业务和入境旅游业务的，应当具备下列条件：①有固定的经营场所；②有必要的营业设施；③有不少于 30 万元的注册资本。

按旅行社企业性质分类，旅行社目前的体制分为国有独资、国有控股、国有参股、民营股份、个体经营等。其形式有未改制企业、已改制或重组企业、综合性集团公司、股份有限公司、有限责任公司、股份合作制。体制和形式不同，决定了企业内部的管理部门及岗位设置有所不同。

旅行社的旅游产品，即旅游线路具有一定的区域性，不同地区的旅行社提供的旅游产品是不一样的，一般来说主要包括地接产品和组团产品。旅行社市场营销，是指旅行社在充分了解旅游者需求的基础上所进行的对其产品、服务和经营理念的构思、预测、开发、定价、促销、分销及售后服务的计划和执行过程。旅行社所销售的旅游产品包含有形产品和无形服务两个方面。

## 课后练习

1. 设立旅行社应具备什么样的条件？
2. 旅行社主要包括哪些类型？
3. 旅行社产品的含义是什么？
4. 青岛旅行社旅游产品可以划分为哪些类型？
5. 旅行社的岗位职责及特点是什么？
6. 旅行社市场营销的组合策略包括哪些方面？
7. 旅行社市场营销受哪些因素的影响？

# 第四章

## 旅游景区

【学习目标】

通过本章的学习,要求学生理解景区的概念;掌握景区的基本设施;掌握景区的分类和分级的方法。

【关键词】

景区的概念　景区分类　景区分级

### 案例导入

#### 我国 5A 级景区"最多"的城市

我国虽然拥有丰富的旅游资源，但都有明确的等级划分，5A 级景区的数量并不多。要说我国旅游资源丰富的城市大都在南方地区，有独具特色的江南水乡，也有别具一格的七彩云南和多彩贵州。资料显示，我国目前共拥有 280 个 5A 级景区，要说我国 5A 级景区数量最多的城市，那一定是重庆了。

重庆近些年的旅游业发展在全国声名大噪，这里的知名景点很多，但大都免费，即使是收费景点门票也都不贵，很适合"穷游"一族。重庆的 5A 级景区数量多达 9 处，是全国 5A 级景区数量最多的城市，还是全国知名的优秀旅游城市。

重庆是著名的山城，也是雾都，很多外地人去到这里一定会迷路，跟着导航走都不一定能找到。但是重庆人热情好客，只要问当地人他们都会热心地为你指路，甚至还想把你送到目的地，这也是很多人愿意去重庆旅游的原因。在重庆总能发现很多神奇的事情，你所在的一层可能就是别人的顶楼，你的顶楼也可能是别人的一层，重庆就是这么一个神奇又有魅力的城市，很多游客都慕名而来。

重庆境内很多景点大家都耳熟能详，如著名的洪崖洞、解放碑、磁器口古镇等。很多人专门来到重庆欣赏这山城的夜景，夜幕降临的时候，洪崖洞和解放碑的游客络绎不绝，人山人海，是重庆最热闹的地方。

重庆的 9 个 5A 级景区分别是大足石刻景区、巫山区小三峡—小小三峡旅游区、武隆喀斯特旅游区、酉阳桃花源、万盛黑山谷、南川金佛山、江津四面山、云阳龙缸景区和阿依河景区。阿依河景区 2019 年刚刚实现晋升，在 10 年前重庆仅有 2 处，近些年随着旅游业的开发，重庆的旅游业实现了突飞猛进的发展。

武隆喀斯特旅游区想必很多人都听说过，这里是张艺谋导演《满城尽带黄金甲》的拍摄取景地，也是著名的天福官驿。这里山高林密，站在坑底，似乎就能想象到电影中刺杀蒋太医的情节。这里以原始生态景观为主，保留了当时拍摄电影的很多道具，之后有很多游客来这里寻找电影中的情节。在此处修建的天福官驿是电影中的道具，也是极具观赏价值的仿古四合院，如今市值超过了 20 亿元。

重庆尽管景点很多，但被大家熟知的大多局限在城区内，可能是周边的景区宣传力度不够，还需要努力提升景区的知名度。在重庆还有不少的少数民族和异域风情，值得我们前去一游。当然去重庆，当地的美食更不容错过，辣椒、火锅想想就让人垂涎三尺。不管怎样，重庆丰富的旅游资源为它的发展提供了巨大的空间和潜力。

（资料来源：https://baijiahao.baidu.com/s?id=1672462085084477509&wfr=spider&for=pc）

**辩证性思考**

1. 旅游景区在旅游业的发展中起什么作用？
2. 旅游景区的分类标准有哪些？

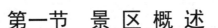

# 第一节 景区概述

旅游景区是旅游业发展的龙头,旅游景区的吸引力很大程度上是地区旅游经济发展的保障。

## 一、景区的概念

### (一)国内现有景区的定义

定义1:一个可供人们前来休闲、游乐、游览、观光、度假的专业场所。该场所具有明确的范围界线和专业化的组织管理。

定义2:具有美学、科学和历史价值的各类自然景观的地域空间载体,它能够激发人们的旅游兴趣和需求,为人们提供参观、游览、度假、康体、科研等产品和服务。

定义3:以旅游及其相关活动为主要功能或主要功能之一的空间或地域,指具有参观游览、休闲度假、康乐健身等功能,具备相应旅游服务设施并提供相应旅游服务的独立管理区。该管理区应有统一的经营管理机构和明确的地域范围,包括风景区、文博院馆、寺庙观堂、旅游度假区、自然保护区、主题公园、森林公园、地质公园、游乐园、动物园、植物园及工业、农业、经贸、科教、军事、体育、文化艺术等各类旅游区(点)。

定义4:凡是符合以下要求的具有较为明确范围边界和一定空间尺度的场所、设施或活动项目者,称之为旅游景区:①以吸引游客为目的,包括本地的一日游游客和旅游者,根据游客接待情况进行管理;②为游客提供一种消磨时间或度假的方式,为他们提供一种快乐、愉悦和审美的体验;③开发游客对这种体验的追求并满足这种潜在的市场需求;④以满足游客的需要为管理宗旨,并提供相应的设施和服务。

定义5:旅游景区景点是由具有某种或多种价值、能够吸引游客前来观光、游览、休闲、度假的自然景物、人文景观以及能够满足游客需要的旅游设施构成的,具有明确的空间界线的多元环境空间和经营文体,这一文体可以通过对游客进出的管理和提供相关服务达到营利或保护该环境空间的目的地(禹贡、胡丽芳,2005)。

定义6:由一系列相对独立景点组成,从事商业性经营,满足旅游者观光、休闲、娱乐、科考、探险等多层次精神需求,具有明确的地域边界,相对独立的小尺度空间旅游地。

### (二)国外现有景区的定义

定义1:旅游景区(点)必须是一个长期存在的出游目的地,其存在的首要目的是向公众开放并满足进入者的游乐、兴趣和教育的需求,而不是仅仅用于购物、体育运动、观看电影和表演。旅游景区(点)无须提前预订,可以吸引一日游游客和旅游者。

定义2:一个指定的、长久性的、由专人经营管理的,为出游者提供享受、消遣、游乐、受教育机会的地方。

定义3:景区应该是一个独立的单位、一个专门的场所,或者是一个有明确界线的、范围不可太大的区域,交通便利,可以吸引大批的游人短期休闲和游览;景区应该是能够界定、能够经营的实体。

定义 4：景区是因天气、风景、文化或活动而满足一个特定顾客群和市场的欲望和喜爱的区域。

定义 5：旅游景区可以是地球上任何一个独具特色的地方，这些地方的形成既可能是自然力量使然，也可能是人类活动的结果。

定义 6：旅游景区是具备以下特征的地点或举办活动的场所：①吸引当地居民的游客、一日游游客和旅游者，并对其进行相应的管理；②提供一种娱乐或愉悦的体验或打发休闲时间的方式；③满足这种潜在的需求的开发；④其管理侧重为游客提供满意的服务；⑤提供相关设施和服务以满足游客各方面的需求、需要和兴趣；⑥可以是收费或免费的。

### (三)本书的景区定义

通过上述对现有景区定义的深入分析，在前人认识的基础上，结合现在旅游业发展的现状，提出本书的景区定义，并对景区定义的内涵、核心、外延进行归纳。

我们认为，旅游景区是指以其特有的旅游特色和价值吸引旅游者前来，通过提供相应的旅游设施和服务，满足其观光游览、休闲娱乐、度假康体、科考探险、教育和特殊旅游需求，有专门的旅游经营管理的旅游管理地域综合体。

## 二、景区的特点

### (一)专用性

旅游景点是指定的用来供游人参观游览或开展某类消遣活动的场所。这种专用性的指定要么是出于商业性决策，要么是出于政府有关部门的公益性政策。但不论是出于哪一种情况，旅游景点的上述根本职能是不会改变的，如果发生改变，则不再属于旅游经营行业意义上的旅游景点。例如，工厂、学校、乡村和部队营区虽然也都有可能接待旅游者参观或访问，但却都不属于规范意义上的旅游景点，因为它们的职能并不是专供游人或公众参观。换言之，只有那些其职能是专供游人参观、游览或开展其他消遣活动的场所，才属于旅游业研究中规范意义上的旅游景点。

### (二)长久性

这里的长久性，是指作为一个旅游景点，必须有其长期固定的场址，并利用这一场址发挥其固有职能。这里对长久性的强调，主要是将旅游景点同那些没有固定场址的旅游吸引物区别开来，例如某时在某处临时举办的展览、娱乐活动、流动演出及民间盛会等。由于这类暂时性的旅游吸引物有其不同的组织和营销方式，特别是由于其没有长期固定的专用场址，因而它们不属于规范意义上的旅游景点，尤其是在讨论旅游景点的经营管理时更是如此。

### (三)可控性

旅游景点必须有人管理，必须能够对游人的出入行使有效的控制，否则，从旅游业经营的意义上讲，便不属于真正的旅游景点，而只能算作一般的公众活动区域。需要特别注意的是，这一定义中的旅游景点并非仅限于对来访游人收费的旅游景点，同时也包括那些有人管理但对游人实行免费参观的旅游景点。后者多见于政府部门和社会团体出于社会公益目的而兴办和管理的参观和游览场所。

## 三、景区的基本设施

### (一)交通设施

#### 1. 外部交通工具

对于旅游者来说，要进入景区进行游览活动，首先必须要借助一定的外部交通工具。包括飞机、轮船、火车、旅游大巴，当然现在很多游客会选择自驾游。总体来说，景区要求外部交通设施完善，进出便捷。

游客到达景区之后，需要把车停下，这就需要有停车场。当然停车场也有不同类型和级别。例如生态停车场，这种停车场高绿化、高承载、透水性能好、草(植草砖)的成活率高、绿地面积大。还有一半的水泥或者沥青铺设的停车场，当然还有比较简易的沙砾或者泥土地面的停车场，如图4-1所示。

图4-1　都江堰生态停车场

#### 2. 内部交通设施

游客在景区内部游览，需要借助一定的游步道。游步道是游客观赏的通道，是景观观赏的驱动者。游步道从形式来说一般是无轨迹可循、曲径通幽的自由曲线和宽窄不定的变形路；色彩一般选择邻近色，与周围环境相协调；选材一般是石子、木板、石板、嵌草路面，如图4-2所示。

图4-2　景区内游步道

另外，有些景区面积较大，为了方面游客游览，景区会使用清洁能源的交通工具，常见的有电瓶车、缆车、自行车以及畜类交通工具，如图4-3所示。

图 4-3　景区内使用清洁能源的交通工具

## (二)游览设施

景区一般会设置游客中心(见图 4-4),游客中心是在旅游区(点)设立的为游客提供信息咨询、游程安排、讲解、教育、休息等旅游设施和服务功能的专门场所。游客中心一般位于景区门口，人流量大；建筑外观具备醒目标识，与周围环境相协调；服务具有多样化与人性化等特点。咨询服务人员配备齐全，业务熟练，服务热情。游客中心内公众信息资料(如研究论著、科普读物、综合画册、音像制品、导游图和导游材料等)要求特色突出，品种齐全，内容丰富，文字优美，制作精美，实时更新。

图 4-4　景区游客中心

景区售票处是销售景区门票的地方，从位置上来说，有的景区的售票处位于游客中心内，而有的景区的售票处则独立于游客中心之外。

景区内的各种引导标识(包括导游全景图、导览图、标识牌、景物介绍牌等)是景区解说系统的重要组成部分，是传递景区信息的服务系统，是景区使用功能、服务功能及游览信息的载体，是旅游景区设施完善不可或缺的一部分。引导标识要求造型特色突出，艺术感和文化气息浓厚，能烘托总体环境，标识牌和景物介绍牌设置合理。

为了方便游客休息，景区会设置公共休息设施，要求布局合理，数量充足，设计精美，特色突出，有艺术感和文化气息。

## (三)安全设施

为了保证游客的人身安全以及景区正常的运营秩序,景区要认真执行公安、交通、劳动、质量监督、旅游等有关部门制定和颁布的安全法规,建立完善的安全保卫制度,工作全面落实。

各种消防、防盗、救护等设备齐全、完好、有效,交通、机电、游览、娱乐等设备完好,运行正常,无安全隐患。危险地段标志明显,防护设施齐备、有效,特殊地段有专人看守。

另外,建立紧急救援机制,设立医务室,并配备专职医务人员。设有突发事件处理预案,应急处理能力强,事故处理及时、妥当,档案记录准确、齐全。景区安全设施如图 4-5 所示。

图 4-5　景区安全设施

## (四)卫生设施

卫生环境也是衡量景区的一项重要指标(见图 4-6)。景区一般要求环境整洁,无污水、污物,无乱建、乱堆、乱放现象,建筑物及各种设施设备无剥落、无污垢,空气清新、无异味。

公共厕所布局合理,数量能满足需要,标识醒目美观,建筑造型景观化。所有厕所具备水冲、盥洗、通风设备,并保持完好或使用免水冲生态厕所。厕所设专人服务,洁具洁净、无污垢、无堵塞。室内整洁,有文化气息。

垃圾箱布局合理,标识明显,造型美观独特,与环境相协调。垃圾箱分类设置,垃圾清扫及时,日产日清。

食品卫生符合国家规定,餐饮服务配备消毒设施,不应使用对环境造成污染的一次性餐具。

图 4-6　景区卫生设施

### (五)邮电设施

景区一般提供邮政及邮政纪念服务。通信设施布局合理。出入口及游人集中场所设有公用电话，具备国际、国内直拨功能。公用电话亭与环境相协调，标志美观醒目。通信方便，线路畅通，服务亲切，收费合理。能接收手机信号。

### (六)购物设施

购物场所布局合理，建筑造型、色彩、材质有特色，与环境相协调，如图4-7所示。对购物场所进行集中管理，环境整洁，秩序良好，无围追兜售、强买强卖现象。对商品从业人员有统一管理措施和手段。旅游商品种类丰富，本地区及本旅游区特色突出。

图 4-7　景区购物设施

## 第二节　景区的分类

旅游景区类型很多，不同的划分标准有不同的分类。下面介绍几种常见的分类。

### 一、按照景区设立的性质

按照景区设立的性质分类，可划分为商业性的旅游景区和公益性的旅游景区。前者指投资者完全出于盈利目的建造或设立的旅游景区，纯属企业性质；后者指政府部门或社会团体出于社会公益目的而建造和设立的旅游景区，虽然这类旅游景区也多采用收费准入的管理办法，但实行收费的目的不是为了收回其建设投资，更不是为了营利。

### 二、按照景区所依赖的吸引因素的属性分类

按照景区所依赖的吸引因素的属性分类，可划分为自然旅游景区和人文旅游景区。前者的旅游资源主要为自然旅游资源，是天然赋存的；后者的旅游资源不论是人类历史遗迹还是现代人造产物，都属于人为的结果。例如，自然保护区、森林公园、地质公园、野生动物园等都属于前者；而历史建筑、古代遗迹主题公园等则属于后者。

## 三、按照旅游景区的内容和管理主体分类

### (一)风景名胜区

风景名胜区是指具有观赏、文化或者科学价值，自然景观、人文景观比较集中，环境优美，可供人们游览或者进行科学、文化活动的区域。风景名胜包括具有观赏、文化或科学价值的山河、湖海、地貌、森林、动植物、化石、特殊地质、天文气象等自然景物和文物古迹、革命纪念地、历史遗址、园林、建筑、工程设施等人文景物和它们所处的环境以及风土人情等。

按照风景名胜区主体景观的属性又可将其分为山岳型风景名胜区、湖泊型风景名胜区、河川型风景名胜区、瀑布型风景名胜区、海岛海滨型风景名胜区、森林型风景名胜区。

风景名胜区划分为国家级风景名胜区和省级风景名胜区。国家级风景名胜区(见图4-8)，自然景观和人文景观能够反映重要自然变化过程和重大历史文化发展过程，基本处于自然状态或保持历史原貌，具有国家代表性的，可以申请设立国家级风景名胜区。国家级风景名胜区由国务院批准公布。

省级风景名胜区，具有区域代表性的，可以申请设立省级风景名胜区。省级风景名胜区，由省、自治区、直辖市人民政府批准公布。

图4-8　中国国家级风景名胜区图标

### (二)自然保护区

自然保护区是指自然环境优美，动植物资源丰富，自然生态保存良好，为保护自然生态、物种和资源环境而划定的保护范围。按照我国的有关规定，自然保护区的任务是：保护赖以生存和发展的生态过程和生命系统(森林生态系统、草原及草地生态系统、沿海和淡水生态系统、农业生态系统)，使其免遭破坏和污染；保护生物资源(水体、陆地野生动植物资源)，使其能被永续利用；保护生物物种遗传基因的多样性；保护自然历史遗迹等。

根据国家标准《自然保护区类型与级别划分原则(GB/T 14529—93)》，我国自然保护区分为3大类别，9个类型。第一类是自然生态系统类，包括森林生态系统类型、草原与草甸生态系统类型、荒漠生态系统类型、内陆湿地和水域系统类型、海洋和海岸生态系统类型自然保护区；第二类是野生生物类，包括野生动物类型和野生植物类型自然保护区；第三类是自然遗迹类，包括地质遗迹类型和古生物遗迹类型自然保护区。

《中华人民共和国自然保护区条例》规定"国家对自然保护区实行综合管理与分部门管理相结合的管理体制。国务院环境保护行政主管部门负责全国自然保护区的综合管理。国务院林业、农业、地质矿产、水利、海洋等有关行政主管部门在各自的职责范围内,主管有关的自然保护区。县级以上地方人民政府负责自然保护区管理部门的设置和职责,由省、自治区、直辖市人民政府根据当地具体情况确定"。"自然保护区分为国家级自然保护区和地方级自然保护区。在国内外有典型意义、在科学上有重大国际影响或者有特殊科学研究价值的自然保护区,列为国家级自然保护区(图标见图 4-9)。除列为国家级自然保护区的外,其他具有典型意义或者重要科学研究价值的自然保护区列为地方级自然保护区。地方级自然保护区可以分级管理,具体办法由国务院有关自然保护区行政主管部门或者省、自治区、直辖市人民政府根据实际情况规定,报国务院环境保护行政主管部门备案。"

图 4-9　国家级自然保护区图标

　　自然保护区的主要目的是保护,旅游开发只是副业。自然保护区通常划分为核心保护区、一般保护区和游览区。核心保护区,除特别批准的人员(主要是科研工作者)外,其他旅游者不得进入;一般保护区,须严格限制旅游者数量,旅游者只能在规定的路线上活动,并且不得进行任何有碍自然保护区的活动;游览区的要求则相对宽松,但应特别注意防火,禁止采伐。

### (三)森林公园

　　森林公园是指以大面积人工林或天然林为主体而建设的公园。天然公园保留原自然景观。森林公园除保护森林景色自然特征外,并根据造园要求适当加以整顿布置。公园内的森林,普遍只采用抚育采伐和林分改造等措施,不进行主伐。可以开展森林旅游与喜悦休闲,并按法定程序申报批准的森林地域,森林公园是经过修整可供短期自由休假的森林,或是经过逐渐改造使它形成一定的景观系统的森林。森林公园是一个综合体,它具有建筑、疗养、林木经营等多种功能,同时,也是一种以保护为前提利用森林的多种功能为人们提供各种形式的旅游服务的可进行科学文化活动的经营管理区域。在森林公园里可以自由休息,也可以进行森林浴等。

　　国家森林公园(National Forest Park) (图标见图 4-10)是指森林景观特别优美,人文景物比较集中,观赏、科学、文化价值高,地理位置特殊,具有一定的区域代表性,旅游服务设施齐全,有较高的知名度,可供人们游览、休息或进行科学、文化、教育活动的场所,由国家林业和草原局作出准予设立的行政许可决定。

国家林业局于2006年2月28日发出通知，决定自即日起启用"中国国家森林公园专用标志"，同时印发了《中国国家森林公园专用标志使用暂行办法》。截至2019年，中国国家级森林公园已达897处。

图4-10　中国国家森林公园图标

### (四)地质公园

地质公园是以具有特殊地质科学意义、较高的美学观赏价值的地质遗迹为主体，并融合其他自然景观和人文景观而构成的一种独特的、经国家审定批准挂牌的自然区域。

世界地质公园是以其地质科学意义、珍奇秀丽和独特的地质景观为主，融合自然景观与人文景观的自然公园。公园由联合国教科文组织选出，此计划在2000年之后开始推行，目标是选出超过500个值得保存的地质景观加强保护。

世界地质公园作为一种资源利用方式，在地质遗迹与生态环境保护、地方经济发展与解决群众就业、科学研究与知识普及、提升原有景区品位和基础设施改造、国际交流和提高全民素质等方面显现出综合效益，为生态文明建设和地方文化传承做出了贡献，是展示国家形象的名片、促进国际合作的引擎。

截至2020年7月，联合国教科文组织世界地质公园总数为161个，分布在全球41个国家和地区。中国拥有41个世界地质公园，分别为昆仑山、阿拉善沙漠、克什克腾、敦煌、五大连池、镜泊湖、房山、延庆、泰山、云台山、嵩山、王屋山-黛眉山、伏牛山、天柱山、黄山、神农架、张家界、终南山、雁荡山、泰宁、宁德、龙虎山、三清山、庐山、自贡、兴文、苍山、石林、织金洞、乐业-凤山、香港、丹霞山、雷琼、可可托海、阿尔山、光雾山-诺水河、大别山、沂蒙山、九华山、湘西世界地质公园红石林、甘肃张掖世界地质公园。

知识拓展4-1

### (五)旅游度假区

旅游度假区是指旅游资源集中、环境优美、具有一定规模和游览条件，旅游功能相对完整独立，为游憩、休闲、修学、健身、康体等目的而设计经营的，能够提供旅游度假设施和服务的旅游目的地整体。

旅游度假区在环境选择、设施配备、结构布局、功能分区等方面都有较高的要求。旅游度假区的基础设施一般包括交通设施、住宿设施、餐饮设施、康体娱乐设施、购物设施等；此外，还应有一些必要设施，如医疗、通信、银行等。

根据其所处的位置和自然环境状况及与之相关的康体娱乐设施条件，可将度假区分为山地森林度假区、滨海旅游度假区、高山滑雪度假区、内湖(河)度假区、温泉度假区五种。

国家级旅游度假区，是指符合国家标准《旅游度假区等级划分》(GB/T26358)相关要求，经文化和旅游部认定的旅游度假区。国家级旅游度假区是为了适应我国居民休闲度假旅游需求快速发展需要，为人民群众积极营造有效的休闲度假空间，提供多样化、高质量的休闲度假旅游产品，为落实职工带薪休假制度创造更为有利的条件而设立的综合性旅游载体品牌。2019年12月20日，《国家级旅游度假区管理办法》发布。截至2019年5月，中国共有国家级旅游度假区30家。

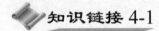

### 国家级旅游度假区名录

江苏：南京汤山温泉旅游度假区、天目湖旅游度假区、阳澄湖半岛旅游度假区、无锡市宜兴阳羡生态旅游度假区

浙江：东钱湖旅游度假区、湘湖旅游度假区、湖州市太湖旅游度假区、湖州市安吉灵峰旅游度假区

吉林：长白山旅游度假区

山东：凤凰岛旅游度假区、海阳旅游度假区、烟台市蓬莱旅游度假区

河南：尧山温泉旅游度假区

湖北：武当太极湖旅游度假区

湖南：灰汤温泉旅游度假区

广东：东部华侨城旅游度假区、河源巴伐利亚庄园

广西：桂林阳朔遇龙河旅游度假区

重庆：仙女山旅游度假区

云南：阳宗海旅游度假区、西双版纳旅游度假区、玉溪抚仙湖旅游度假区

四川：邛海旅游度假区、成都天府青城康养休闲旅游度假区

海南：三亚市亚龙湾旅游度假区

福建：福州市鼓岭旅游度假区

江西：宜春市明月山温汤旅游度假区

安徽：合肥市巢湖半汤温泉养生度假区

贵州：遵义市赤水河谷旅游度假区

西藏：林芝市鲁朗小镇旅游度假区

(资料来源：https://baike.baidu.com/item/%E5%9B%BD%E5%AE%B6%E7%BA%A7%E6%-97%85%E6%B8%B8%E5%BA%A6%E5%81%87%E5%8C%BA/4132688?fr=aladdin)

### (六)文博院馆

文博院馆包括博物馆、美术馆等。美术馆多数以收藏和展览历史或传统美术作品为主。博物馆可分为两大类：一类是以特定收藏品为展示内容的博物馆，例如，科学博物馆、历

史博物馆、军事博物馆、交通运输博物馆等；另一类则是以特定场址为展示内容的博物馆，例如我国的故宫博物院、英国的铁桥保博物馆等。另外，博物馆还可按其收藏品的来源范围划分为国家博物馆、地区博物馆、地方博物馆等。

相关案例 4-1

### (七)主题公园

主题公园是以某一种中心主题为基调而兴建的大型人造游览娱乐园区，现代主题公园的主题多种多样，主要有以下几种：以本民族文化为主题的；以地方历史文化为主题的；以异国文化为主题的；以异地自然景观为主题的；以童话幻想为主题的；以科学技术和宇宙为主题的；以历史人物为主题的；以文学名著和电影场景为主题的等。

除了以上类型，还包括一些诸如古代遗迹、早期产业旧址、城市公园等类型的旅游景区。因为大部分旅游景区的旅游资源都具有综合性，以上提供的分类方法只是一个基本的划分方法，具体到某一景区，以上所列不同类别的主题可能会出现重叠，但是完全重叠的可能性很小。

知识链接 4-2

## 第三节　景区的分级

### 一、景区的分级体系

景区分级的目的主要是为了根据景区资源吸引力和保护的级别进行分级管理，这是国内外景区管理的共性特征，由于景区的类别、所在国家、主管部门等方面的不同，景区的分级可以归纳为二级、三级和四级三种分级体系，具体如下。

#### (一)二级系统

二级系统是以美国为代表的国外景区分级特色。其分级的基础是美国的纵向行政管理"联邦政府—州"二级体系，最经典的是美国公园，根据其质量的高低(或重要性)分为国家公园和州立公园二级，如美国的黄石国家公园和尼亚加拉大瀑布州立公园。

#### (二)三级系统

三级系统是我国的景区分级特色。其分级的基础是我国的纵向行政管理"国家—省—市县"三级管理体系，我国风景名胜区、森林公园、自然保护区等均按照其质量的高低(或重要性)分为国家、省、市县三级。

#### (三)四级系统

就我国的景区而言，根据其旅游资源吸引力的大小(或级别)，在我国的景区三级体系基础上，增加资源，具有世界吸引力的这一最高级别层次，形成了景区四级系统。

(1) 第一级：世界级景区，其旅游资源的吸引力是世界范围的，包括我国境内的世界遗产和联合国人与生物圈自然保护区。从旅游的角度，它们在开发后就形成了世界级景区，如四川的九寨沟、北京的故宫、云南的丽江古城等。

(2) 第二级：国家级景区，其旅游资源的吸引力比世界级的低，包括我国的国家级风景名胜区、国家级森林公园、国家级旅游度假区和国家级自然保护区等。

(3) 第三级：省级景区，其旅游资源的吸引力比国家级的低，包括我国的省级风景名胜区、省级森林公园和省级自然保护区等。

(4) 第四级：县市级景区，其旅游资源的吸引力比省级的低，包括我国的县市级风景名胜区、县市级森林公园和县市级自然保护区等。

知识拓展 4-2

## 二、景区的等级评定

### (一)旅游景区的分级

根据《旅游区(点)质量等级的划分与评定》(GB/T 17775—2003)国家标准，旅游景区(点)质量等级分为五级，从高到低依次为 AAAAA、AAAA、AAA、AA、A 级。旅游区(点)质量等级的标志、标牌、证书由国家旅游行政主管部门统一规定，由全国旅游景区质量等级评定委员会负责办理。

### (二)旅游景区质量分级标准的内容

《旅游区(点)质量等级的划分与评定》国家标准适用于接待海内外旅游者的各种类型的旅游景区。凡在中华人民共和国境内正式开业从事旅游经营业务一年以上的旅游景区都可申请参加质量等级评定。评定标准主要包括以下内容。

#### 1. 旅游交通、景区游览及旅游服务

旅游交通要有较好的可进入性和车道、车站码头等，布局合理规范，景区游览的交通设施完备，如高级公路、高级航道、车站码头协调。旅游景区内有功能齐全的游客服务中心，有美观便利的引导标志，有优秀的引导人员，旅游购物场所布局规范合理。旅游景区内邮电通信设施一应俱全，通信方便。区内的游览配套设施齐全，设计精美。

#### 2. 旅游景区安全、环境方面

旅游景区的安全要保证严格执行公安、交通、劳动、质量监督及旅游等有关部门制定和颁布的安全法规，消防和救护等方面设备齐全、安全有效，突发事件处理能力较强，旅游景区环境整洁、卫生，娱乐场所达到《文化娱乐场所卫生标准》规定的要求，餐饮场所达到《饭馆(餐厅)卫生标准》规定的要求，游泳场所达到《游泳场所卫生标准》规定的要求，公共厕所布局合理，设计规范方便。旅游资源环境保护合理，空气质量、噪声质量、地面环境质量、自然景观保护均达到国家有关标准和规定，景区环境氛围优良，各项设施设备符合国家有关环境保护的要求。

#### 3. 旅游景区经营管理方面

旅游景区管理体制健全，经营机制有效，旅游质量、旅游安全、旅游统计等各项经营管理制度规范，贯彻措施得力，并定期检查监督，管理人员配备合理。旅游景区拥有正式批准的总体规划，开发建设符合规划要求。同时，景区要拥有自己独特的产品形象、良好的质量形象、鲜明的视觉形象和文明的员工形象等。

## 4. 旅游景区资源质量方面

旅游景区要有观赏游憩价值或历史价值、文化价值、科学价值等；景区要有市场吸引力，有一定的知名度和美誉度，市场辐射力强，旅游景区年接待国际、国内旅游者数量要达到一定的标准，游客抽样调查也应有一定的满意度。

### (三)旅游景区评定的总体情况

国家旅游局负责旅游景区质量等级评定标准、评定细则的制定工作，负责对质量等级评定标准的执行情况进行监督检查。国家旅游局组织设立了全国旅游景区质量等级评定委员会，负责全国旅游景区质量等级评定工作的组织和管理。各省级旅游行政管理部门组织设立本地区旅游景区质量等级评定委员会，并报全国旅游景区质量等级评定委员会备案。受全国旅游景区质量等级评定委员会的委托，省级旅游景区质量等级评定委员会进行相应的旅游景区质量等级评定工作的组织和管理。

2A级、1A级旅游景区由县区旅游景区质量等级评定小组推荐，市级旅游景区质量等级评定委员会组织评定；3A级旅游景区由市旅游景区质量等级评定委员会推荐，省级旅游景区质量等级评定委员会组织评定；4A级旅游景区由省级旅游景区质量等级评定委员会推荐，国家级旅游景区质量等级评定委员会组织评定；5A级旅游景区从4A级旅游景区中产生。被公告为4A级旅游景区一年以上的方可申报5A级旅游景区。5A级旅游景区由省级旅游景区质量等级评定委员会推荐，国家级旅游景区质量等级评定委员会组织评定。

知识拓展4-3

## 本章小结

旅游景区是指以其特有的旅游特色和价值吸引旅游者前来，通过提供相应的旅游设施和服务，满足其观光游览、休闲娱乐、度假康体、科考探险、教育和特殊旅游需求，有专门的旅游经营管理的旅游管理地域综合体。景区可以按照景区设立的性质、景区所依赖的吸引因素的属性、景区的内容和管理主体进行分类。景区分级的目的主要是为了根据景区资源吸引力和保护的级别进行分级管理，这是国内外景区管理的共性特征。由于景区的类别、所在国家、主管部门等方面的不同，景区的分级可以归纳为二级、三级和四级三种分级体系。

## 课后练习

1. 旅游景区的定义有哪些？
2. 旅游景区可以划分为哪些类型？
3. 旅游景区可以分为哪些级别？
4. 我国旅游景区质量等级标准的内容有哪些？

# 第五章

## 旅游酒店

**【学习目标】**

通过本章的学习,要求学生掌握酒店的概念、酒店的组织部门构成;掌握酒店的主要类型;理解经济型酒店的定义、分类及特点;了解我国经济型酒店的发展现状以及经济型酒店与星级酒店的区别。

**【关键词】**

酒店　酒店类型　酒店星级　经济型酒店

旅游学基础

> **案例导入**

<br>

**高端酒店群 炫亮海南岛**

7月的琼岛，阳光明媚。在三亚亚龙湾一望无垠的海平面上，飞驰着摩托艇，香蕉船溅起层层浪花，游客们悠闲地在洁白细腻的沙滩上享受日光浴。风景秀丽的海岸另一侧，喜达屋、希尔顿、万豪、美高梅等国际顶级品牌酒店林立成群，凭借独具特色的设计风格、多元前沿的配套设施、优质的服务品质，每年吸引着数以万计的国内外游客来此度假休闲。

"1996年，我国第一家五星级度假酒店——亚龙湾凯莱度假酒店建成营业，我第一次见到不装空调、开阔通风的酒店大堂，也是第一次见到不穿商务套装，而是穿休闲岛服的酒店服务员，'凯莱模式'深刻影响了中国度假酒店业的发展，海南发展高端滨海度假旅游业的新大门由此打开！"在海南酒店业摸爬滚打逾20年，见证着酒店行业的更迭变迁，三亚市旅游行业协会联合会主席、旅游酒店协会会长刘凯强深有感触。

从国内首家五星级酒店落地，到成为中国国际品牌酒店最密集的地区之一，数十年来，在一代代海南酒店人不懈努力下，海南酒店业不断升级转型，提升服务水平，推动旅游产业提速发展，在海南岛发展成为国际知名旅游胜地的画卷上，尽情书写着海南酒店的发展传奇。

曾有旅游专家对海南酒店业作如是评价："世界酒店看中国，度假酒店看海南。"

然而，当指针回拨到30多年前，在海南建省办经济特区初期，度假酒店对于民众来说还是个较为模糊的概念。

"1988年，我初到海南时，海口鲜有像样的星级酒店，大部分是简易的招待所、社会旅馆，只能简单满足住宿需求。"回忆起20世纪80年代"闯海"之初印象，宋城集团董事局主席、"千古情"系列演艺作品总导演及总策划黄巧灵说。

"20世纪80年代末，三亚主要有大东海旅游中心、海南鹿回头宾馆、三亚国际大酒店、金陵度假村、三亚湾大酒店等几家酒店，两只手都数得过来，来住的多是有钱人，有时候也能看到一些金发碧眼的外国人。"三亚市民容晓燕说，当时酒店外的三亚仍是个渔村的模样，只有一条解放路、一个港口、一个电影院、一个菜市场，城区里仍随处可见大片的沙地和农田。

在那时，许多人根本想象不到，就是三亚这样一个原生态的"渔村"城市，能发展成为中国度假酒店的前沿阵地。

在包括刘凯强在内的不少酒店人看来，海南酒店业的发展起源地，就在三亚亚龙湾。1990年3月，海南省政府正式批准三亚重新修订城市总体规划纲要，发展目标定为：重点发展旅游业和高技术产业的国际热带滨海风景旅游城市。坐拥一线海景资源的亚龙湾，成为旅游开发的重点。

发展旅游的目标虽明确了，但当时亚龙湾仍十分落后闭塞，关于湾区的开发，三亚没有明确的总体规划，只是想着"先建点东西出来"。几经波折，1992年，三亚组建亚龙湾开发公司，国务院批准亚龙湾建立国家级旅游度假区，亚龙湾的开发工作这才算正式启动。也就是从那时开始，一段精彩的海南酒店发展变革史，在亚龙湾孕育、发芽。

（资料来源：http://hnrb.hinews.cn/html/2019-07/08/content_14_1.htm）

**辩证性思考**

1. 旅游饭店在旅游业的发展中作用是什么？
2. 海南有哪些知名的品牌酒店？

第五章 旅游酒店

# 第一节 酒店概述

## 一、酒店的概念

酒店的发展历史悠久，源远流长，有关酒店的理论知识已形成一定的体系，但在酒店的具体概念上却众说纷纭，始终未形成一个统一的概念。随着社会经济的发展，现代化的酒店已经成为"城中之城""世界中的世界"、宾客的"家外之家"。

酒店(Hotel)一词源于法语，原意是指贵族在乡间招待贵宾的别墅。随着社会的发展，酒店的内涵与外延都发生了巨大的变化。

国外一些权威词典对"酒店"一词的解释如下。

- 酒店是在商业性的基础上，向公众提供住宿也往往提供膳食的建筑物。——《大不列颠百科全书》
- 酒店是装备完好的公共住宿设施，它一般都提供膳食、酒类以及其他服务。——《美利坚百科全书》
- 酒店是提供住宿、膳食等而收费的住所。——《牛津插图英语辞典》

国内有关学者对酒店的概念界定也有很多，例如：

- 酒店是指功能要素和企业要素达到规定标准的，能够接待旅居宾客及其他宾客，并为他们提供住宿、饮食、购物、娱乐以及其他服务的综合性服务型企业。(蒋丁新，2004)
- 酒店是以大厦或其他建筑物为凭借，通过出售服务——客房、饮食和综合性服务项目，使旅行者的旅居成为可能的一种投宿设施和综合性的经济组织。(蔡万坤，刘胜玉，1987)
- 酒店实际上是以一定的建筑物及其相应设施为凭借，通过为顾客提供住宿、饮食和其他各种综合性服务而获取经济效益的企业组织。(杜建华，2003)
- 酒店是以接待型住宿设施为依托，为公众提供食宿及其他服务的商业性服务企业。(黄震方，2001)

结合国际性权威解释和中国具体国情，我们把现代酒店的概念界定为：酒店是经政府批准的，利用服务设施完善的建筑，除向宾客提供住宿和餐饮服务外，还提供购物、健身、娱乐、邮电、通信、交通等多方面服务的经营性企业。

## 二、酒店和有关住宿设施类型及称谓

酒店是目前最主要的住宿设施类型之一。除了酒店之外，还有大量的旅游住宿设施，如汽车旅馆、青年旅社等也是住宿设施的主要构成部分。随着旅游业的发展，住宿设施的类型多样化，这体现了旅游需求的多元化。

### (一)国外有关"Hotel"的称谓

在英文中，表示酒店意思的词有很多，其中最主要的有两个，一是 Hotel，二是 Inn。前者指那些开设在现代城市中，设施豪华、设备齐全、服务优质，并能向客人提供一系列综合服务的住宿设施，使用最为广泛，欧美的酒店业一直沿用这一名词。后者原来多指传统的小客店、小旅店，特别是那些家庭住宿设施，但现代已经有了新的含义，它已从较简单的服务功能发展成为多样化的综合性的现代化服务系统，譬如，Days Inn、Holiday Inn。特别是 Holiday Inn 已发展成为世界上非常有名的酒店集团，所以将 Inn 译为中文时，也常译为酒店或宾馆。然而，人们似乎已形成了一种概念：一讲到 Hotel，想到的是一种标准的住宿、膳食、娱乐等设施，一切都是规范化的公式化的服务；而一提到 Inn，便联想到有家庭式的那种特有的温馨、热情、舒适与方便。这也是美国大酒店业主威尔逊先生最初为其创建的住宿设施起名叫 Holiday Inn 时的一种考虑。

### (二) 国内有关"Hotel"的称谓

目前对 Hotel 的中文翻译和称谓不一，包括饭店、酒店、宾馆、旅馆等。特别是在不同地区，其称谓和使用习惯不同。在中国南方，一般习惯称作"酒店"。而随着国外知名品牌的涌入，国内也开始把那些新建的餐饮住宿设施叫作"酒店"。中国北方地区则大都称之为"饭店"；而在建国以来到改革开放以前，也有部分饭店是政府作招待用，是一种非营利的机构，称为"宾馆"。1988 年，我国制定并开始执行《中华人民共和国评定旅游涉外饭店星级的规定和标准》，由于该标准使用的是"饭店"这一名词，所以目前饭店这一名称也极为常用。

在中文里，其他表示"住宿设施"的名词有很多，如旅社、旅馆、旅店、招待所、客栈、别墅、宾馆、酒店、饭店等。由此可以看出，目前酒店业及住宿设施的名称五花八门。

## 三、酒店组织部门的构成

酒店企业的组织部门通常分为两大类：业务部门和职能部门。不同的酒店根据自身经营的需要对组织部门的设计会略有不同，但一般来说，酒店的业务部门主要包括前厅部、客房部、餐饮部、康乐部、商品部等；职能部门则主要包括人力资源部、财务部、营销部、采购部、工程部和安全部等。

如图 5-1 所示是某酒店组织结构图。

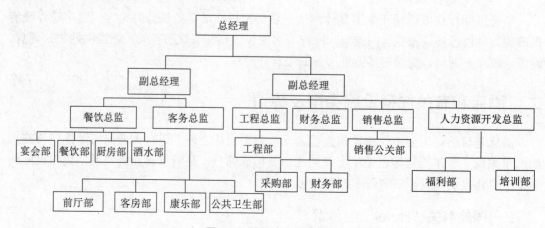

图 5-1　某酒店组织结构图

## (一)前厅部

前厅部是整个酒店业务活动的中心,是酒店的首席业务部门,在酒店中占有举足轻重的地位。前厅部一般位于酒店最前部的大厅,是顾客跨入酒店第一眼所看到的地方。前厅部是酒店业务运转的中心,主要任务是客房预订、前厅接待、信息咨询、委托代办、客人行李运送、转接电话和商务中心服务,使客人顺利抵、离酒店,并在住店过程中享受高效优质服务。在酒店业务活动过程中,前厅部是酒店和宾客之间的桥梁,是酒店运作的中枢,是为酒店的经营决策提供依据的参谋部门。前厅部及其员工服务对树立酒店形象和声誉具有重要影响。前厅部要加强与有关部门的联系与合作,并为酒店经营给各部门传递信息、提供服务。其工作贯穿于酒店业务的全过程,从旅客预订和入住酒店到最后离开酒店的整个过程都离不开前厅部的工作。因此,酒店前厅部的工作具有全局性,被称为酒店的神经中枢。

## (二)客房部

客房部是酒店的主要业务部门,主要为客人提供安静、舒适、干净、整洁和安全的住房服务。除此以外,客房部还负责酒店客房、楼层以及公共区域内的基础设施的保养和报修。根据酒店客房的产品和服务,酒店客房部机构设置包括客房服务中心、公共区域卫生和洗衣房等主要部门。大多数酒店将其前厅部和客房部合二为一,称为房务部或客务部。

## (三)餐饮部

酒店餐饮部是为顾客提供饮食服务的部门,它不仅为住店旅客提供饮食服务,同时也为酒店外的消费者提供餐饮服务。餐饮部是酒店营业收入的另一大主要来源。餐饮服务也是酒店的主要产品之一,是酒店市场竞争力体现的另一大主题。不同规模的酒店对酒店餐饮部机构的设置也略有不同,一般来说,酒店的餐饮部门包括厨房、餐厅和酒吧等消费场所以及原材料采购部两大主体机构。

## (四)康乐部

康乐部是客人休闲娱乐的场所,它通过向客人提供正常的康乐活动而获得相应的营业收入。康乐部的机构设置因酒店规模的大小和档次的高低而不同,高星级的酒店为客人提供的休闲娱乐设施也相应高档而丰富,一般包括游泳池、网球场、保龄球馆、健身房、歌舞表演等。为向酒店旅客提供更多更丰富多彩的娱乐活动,康乐部会调配专人进行娱乐活动策划,开展一些别开生面的娱乐活动,以满足客人的娱乐需求。随着酒店行业的不断发展,康乐部在酒店组织中的重要作用也越来越明显,康乐部的收入也逐渐成为酒店营业收入的重要组成部分。

## (五)商品部

商品部已逐渐成为酒店组织结构中不可或缺的一部分,当前几乎所有的酒店都设置有商品部。商品部主要向客人提供各种日常生活所需的商品,但一般会以旅游商品为主。由于商品部的设施和装修都很豪华,环境优雅,服务周到,因此,所出售商品的附加价值也较大,导致商品的价格往往高于市场上零售商场同样商品的价格。随着酒店的不断发展,商品部的产品以及经营的业务将会不断地发展扩大,其营业收入也将会在酒店总收入中占据越来越大的比重。

### (六)人力资源部

人力资源部又称人事部,是酒店一个非常重要的部门。人力资源管理是酒店经营管理的重要组成部分,它涵盖了酒店人力资源调配管理、人力资源开发利用、员工培训管理、行政人事管理、劳动工资奖金管理和医疗福利管理等方面。在酒店经营管理中,人力资源管理的主要任务是:①坚持以人为本原则,对人力资源进行科学有效的调配、开发和利用;②协调酒店内部的人事关系;③计划并实施酒店的培训工作;④加强预算管理和成本核算,降低人工成本;⑤为酒店员工创造良好的工作环境。其基本任务是为酒店经营管理和业务发展提供人力资源保障,确保酒店经营管理的正常运行和持续发展。人力资源部一般直接接受总经理的领导和指挥,酒店组织工作效率的高低与人力资源部的工作有着直接的关系,因为组织的运作离不开人的操作和管理,只有将合适的人才安排在合适的岗位上,方能保证酒店组织工作的高绩效,不断实现组织的目标。

### (七)营销部

营销部的主要职责是推广酒店的主要产品和服务,保证酒店在任何季节都能有充足的客源,维护酒店的声誉,策划酒店的形象,提升酒店的市场知名度,打造酒店的品牌。营销部的规模大小也与酒店的规模大小相关,大型酒店的营销部由经理、主管、市场营销的专兼职人员组成。为保证酒店客源,酒店营销部还会不定期地组织专门人员进行市场调研,了解市场行情和游客的需求,从而指导酒店组织提供尽可能满足顾客需求的产品。营销部通过确定营销战略,制订长、中、短期公关与销售计划,开展各种行之有效的促销活动,力争获得较高的市场占有率,完成总经理下达的年、季、月度经济指标。营销部在酒店管理中起着龙头作用,其工作业绩的好坏关系着酒店的经济效益和社会效益。

### (八)财务部

财务部的主要职责是协助酒店经营者搞好酒店的财务管理和会计核算工作,同时控制酒店的经营管理费用,在保证酒店服务质量的前提下,使酒店获得最佳的经济效益。财务部一般也是直属于酒店总经理指挥和监管。财务部人员的数量通常由酒店规模的大小来决定,酒店规模越大,对财务人员的需求会越大,专业性也会更强。财务部门内部通常设置经理、经理助理、主管会计、会计员和出纳员等职位。

### (九)采购部

采购部也是酒店经营运作不可或缺的重要部门,它的工作主要是努力满足酒店各业务部门的物资需求,保障酒店正常运行中的物资供应不间断。除此以外,酒店采购部门的另一重要职能就是尽可能地降低酒店物资采购的成本,节约酒店资本消耗,在保证酒店服务和产品质量的同时,尽可能多地增加酒店的经济效益。

### (十)工程部

工程部是保证酒店设备设施正常运行的职能部门。工程部的主要任务是负责组织酒店的各项基建工作；负责酒店所属各建筑物、构筑物、道路及各类管线的维修和养护；负责酒店机电设备的日常管理工作；对酒店的设施设备进行综合管理，做到设备设施装配合理、择优选购、正确使用，或指导其他部门正确使用，精心维护、科学检修并适时更新，保持设备完好，不断挖掘酒店的技术装备潜力，充分发挥设备效能。工程部对保证酒店服务质量，为顾客提供舒适环境，提高酒店的经济效益，保持酒店硬件档次和维护企业形象起着重要的作用。节能降耗也是工程部的重要工作之一，工程部必须在保证酒店舒适度的前提下，努力做好节能降耗工作，为提高酒店经济效益打下基础。

### (十一)安全部

安全部也称保安部，是负责酒店日常安全保卫和消防工作的职能部门，其主要任务是：对全体员工进行安全法制教育，提高安全意识；健全安全防范管理体制，强化酒店内部治安管理，维护治安秩序；做好预防犯罪和其他一切可能发生的事故；协助公安机关查处治安案件、破坏事故，侦破一般刑事案件；配合消防机关进行防火检查，做到"预防为主，防消结合"。安全部起着维护酒店、宾客、员工的生命和财产安全，为酒店经营活动创造良好治安秩序和安全环境的重要作用。酒店安全工作具有多样性、时间性、服务性和政策性的特点，必须遵循"谁主管，谁负责"的原则，实行层级管理，分片管理，"事事有人管，处处有人管"，做到"群防群治"。它也是酒店正常经营管理活动中不可或缺的部门之一。

以上部门是依据一般酒店正常运作的需要来设立的，在实际组织结构设计中各酒店应充分考虑自身的情况进行调整，名称可有所不同，部门多少也可灵活处理。

## 第二节 酒店的分类及星级评定

### 一、酒店的分类

#### (一)根据酒店市场及客人特点分类

**1. 商务型酒店**

商务型酒店也叫暂住型酒店，一般位于城市的中心或商业区，以接待从事商业贸易活动的客人为主，也接待旅游客人及由于各种原因作短暂逗留的其他客人。商务型酒店适应性广，在酒店业中占有较大的比重，并根据细分市场的需求，分为各种等级。由于商务客人一般文化层次和消费水平较高，因此商务酒店的设施设备也就比较豪华。商务型酒店的特征之一是具备商务功能，即提供多功能的服务(如办公、上网等)。

知识链接 5-1

**2. 长住型酒店**

长住型酒店主要接待住宿时间较长，在当地短期工作或度假的客人或家庭，而酒店一般采取与宾客之间签订租约的形式。长住型酒店的建筑布局多采用家庭型,以套房为主,提供厨房设施,宾客自理饮食,服务亲切、周到、针对性强,而酒店的组织、设施、管理等相对较为简单。

长住型酒店也称为公寓型酒店。此类酒店一般采用公寓式建筑的造型,长住型酒店的设施及管理较其他类型的酒店简单,酒店一般只提供住宿服务,并根据客人的需要提供餐饮及其他辅助性服务。从发展趋势看,长住型酒店一是向豪华型发展,服务设施和服务项目日趋完备,如我国不少大城市中出现的高档酒店式公寓;二是分单元向客人出售产权,成为提供酒店服务的共管式公寓,不少酒店还实行定时分享制,与其他地方的相同类型设施的所有者交换使用。

知识链接 5-2

### 3. 度假型酒店

度假型酒店一般以接待游乐、度假的宾客为主,地理位置多在海滨、山区、温泉、海岛、森林等旅游风景区。度假型酒店对区域内环境设计要求高,娱乐设施配套要求较为齐全,并设有各种娱乐、体育项目,如滑雪、骑马、狩猎、垂钓、划船、潜水、冲浪、高尔夫球、网球等,以吸引游客。此外,要求突出个性化特点,包括自然环境、装潢设计、建筑风格、酒店服务功能及人员服务技能等方面。度假型酒店一般具有较强的季节性特征。

度假型酒店因易受淡旺季节的影响而采取较为灵活的经营方式,如实行淡季、旺季价,拉大价格差距。不少度假型酒店增设了会议设施来吸引各种会议客人。近年来,不少旅游胜地也出现了分时度假型酒店。

知识链接 5-3

### 4. 会议型酒店

会议型酒店主要接待各种会议团体,通常设在大都市和政治、文化中心,或交通方便的游览胜地。酒店设置多种规格的会议厅或大的多功能厅,具备各种规格的会议设备并提供高效率的接待服务。

### 5. 汽车酒店

汽车酒店的英文是 motel,是 motor 和 hotel 的缩称,一般建于公路干线上,设施、设备较为简单,规模较小,以接待驾车旅行者为主,是欧美国家常见的一种酒店类型。汽车酒店最早起源于美国。1952 年凯蒙•威尔逊在孟菲斯建起了第一家有 120 单元房间的现代汽车酒店——假日酒店,规范了汽车酒店业。

经过几十年的发展,汽车酒店已经迅速成为世界上最大的酒店系统,其大致可以分成过路型汽车酒店、终点站型汽车酒店、度假型汽车酒店和野营地汽车酒店四种。

## (二)根据酒店计价方式分类

根据酒店计价方式的不同,可将酒店大致分为以下五类。

第一类,欧式计价酒店。欧式计价酒店的客房价格仅包括房租,不含食品、饮料等其他费用。目前世界各地绝大多数的饭店均属此类。我国也采用此类计价方式。

第二类,美式计价酒店。美式计价酒店的客房价格包括房租及一日三餐的费用。大多数度假型酒店采用这种计价方式。

第三类，修正美式计价酒店。修正美式计价酒店的客房价格包括房租、早餐及一顿正餐的费用，以方便宾客有较大的自由安排白天活动。

第四类，欧陆式计价酒店。欧陆式计价酒店的房价包括房租及一份简单的欧陆式早餐，即咖啡、面包、果汁。此类酒店一般不设餐厅。

第五类，百慕大计价酒店。百慕大计价酒店的房价包括房租及美式早餐的费用。

## (三)根据酒店规模划分

根据酒店的规模划分，酒店可分为以下几类。

**大型酒店**：客房 600 间以上的酒店。
**中型酒店**：客房 300～600 间的酒店。
**小型酒店**：客房 300 间以下的酒店。

知识拓展 5-1

# 二、酒店的等级

酒店等级指一家酒店的豪华程度、设施设备等级、服务范围和服务水平等方面所反映出的级别与水准。不少国家和地区，通常根据酒店的位置、环境、设施和服务等情况，按照一定的标准和要求对酒店进行分级，并用某种标志表示出来，在酒店显著的地方公之于众。

## (一)酒店分级的目的

### 1. 保护顾客的利益

酒店的等级标志本身是对酒店设施与服务质量的一种鉴定与保证。对酒店进行分级，可使顾客在预订或使用之前，对酒店有一定的了解，并根据自己的要求和消费能力进行选择。对酒店进行定级可以有效地指导顾客选择酒店，为其提供物有所值的服务，保障他们的利益。

### 2. 便于行业的管理和监督

酒店企业的服务水平和管理水平，对消费者及所在国家和地区的形象与利益，均有重要的影响。许多国家的政府机构或其他行业组织，都将颁布和实施酒店等级制度作为行业管理与行业规范的一种手段。利用酒店的定级，对酒店的经营和管理进行监督，使酒店将公众利益和自身利益结合在一起。

### 3. 有利于促进酒店业的发展

从经营的角度来看，酒店的等级也是一种促销手段，有利于明确酒店的市场定位，并针对目标市场更好地展示酒店的产品和形象。同时，有利于同行之间平等、公平地竞争，可促进不同等级的酒店不断完善设施和服务质量，提高管理水平，维护酒店的信誉。对接待国际旅游者的酒店来说，也便于进行国际上的比较，促进酒店业的不断发展。

## (二)酒店的分级方法

分级制度目前在世界上已较为广泛，尤其在欧洲更是普遍采用。但是不同的国家和地区采用的分级制度各不相同，用于表示级别的标志与名称也不一样。据不完全统计，世界上有 80 多种酒店分级制度。目前国际上采用的酒店等级制度与表示方法大致有以下几种。

### 1. 星级制

星级制是把酒店根据一定的标准分成的等级分别用星号(★)来表示,以区别其等级的制度。比较流行的是五星级别,星越多,等级越高。这种星级制在世界上,尤其是欧洲,采用得最为广泛。我国酒店的等级划分也采用这种分级方法。

### 2. 字母表示方法

许多国家将酒店的等级用英文字母表示,即 A、B、C、D、E 五级,A 为最高级,E 为最低级,有的虽是五级却用 A、B、C、D 四个字母表示,最高级用 Al 或特别豪华级来表示。

### 3. 数字表示法

用数字表示酒店的等级一般是最高级用豪华表示,继豪华之后由高到低依次为 1、2、3、4,数字越大,档次越低。

还有一些等级分类方法,如价格表示法或以类代等,即用酒店的类别代替等级,并用文字表示出来。但这种等级划分比较模糊,比较起来也不是很科学和方便。

知识链接 5-4

### (三)酒店等级的评定

酒店等级的评定是一件十分严肃和重要的事情,一般由国家政府或权威的机构做出评定,但不同的国家评定酒店的机构不完全一样。国外比较多见的是国家政府部门和酒店企业或旅游业的协会共同评定。也有一些地方由几个国家的酒店协会联合制定统一的标准,共同评定。我国酒店等级的评定主要由国家主管旅游业的职能部门——国家旅游局和国内贸易部的中国酒店协会根据各自所管理和监督的范围进行评定。

无论用哪种方法评定等级,无论由谁来评定,必须按照等级划分的有关要求和标准来进行,还要有一套完备的申请、调查、复查与抽查的鉴定程序。定级单位也有权根据规定对已定级的酒店进行降级或除名处理。酒店有权自动要求进行升级的评定或取消已定的级别。

## 三、我国旅游酒店的星级评定

1989 年,中国国家旅游局在世界旅游组织专家、西班牙旅游企业司司长费雷罗先生的协助下制定了《中华人民共和国评定旅游涉外饭店星级的规定和标准》,于 1989 年 9 月 1 日起开始实施。当时,同时使用的还有原商业部颁布的酒店定级标准,后经国家技术监督局批复,1993 年 9 月 1 日正式公布《旅游涉外饭店星级的划分及评定》为国家标准,自 1993 年 10 月 1 日起实施。1997 年 10 月,国家技术监督局批准国家旅游局重新修订的《旅游涉外饭店星级的划分与评定》为推荐性国家标准,代替 1993 年起执行的标准,于 1998 年 5 月 1 日起实施。

2003 年 6 月,经国家质量监督检验检疫总局批准,国家旅游局将重新修订的《旅游饭店星级划分与评定》(以下简称《第三标》)作为推荐性国家标准,代替 1998 年起执行的标准,于 2003 年 10 月 1 日起实施。《第三标》规定,用星的数量和颜色表示酒店的等级。星级分为五个等级,即一星级、二星级、三星级、四星级、五星级(含白金五星级)。最低为一星级,最高为白金五星级。星级越多,表示旅游酒店的档次和等级越高。作为星级的补充,开业不足一年的酒店可以申请预备星级,其等级与星级相同。2007年8月,北京中国大酒店、上海波特曼丽嘉酒店和广州花园酒店被正式授予"白金五星级酒店"称号。

### (一)划分和依据

国家质检总局、国家标准化管理委员会于2010年10月18日批准发布国家标准《旅游饭店星级的划分与评定》(GB/T 14308—2010)(以下简称"新版国家标准"),"新版国家标准"于2011年1月1日起执行。为配合该标准的实施,进一步规范饭店星级评定及复核工作,国家旅游局制定了《旅游饭店星级的划分与评定》(GB/T 14308—2010)实施办法(以下简称《实施办法》)。《实施办法》重点强调了星级饭店的必备项目、核心产品、绿色环保、应急管理、软件可衡量和特色经营六个方面的要求,对于引导和规范我国酒店业的发展产生了重要作用。

星级评定的目的是使我国的酒店既有中国特色,又符合国际标准,保护旅游经营者和消费者的利益。其依据是酒店的建筑装饰、设施设备及管理、服务水平,具体评定方法按《第三标》颁布的设施设备评分标准、设施设备的维修保养评定标准、清洁卫生质量、服务质量等项标准执行。星级划分条件和检查评分细则相结合,全面考核、综合平衡,其中检查评分细则由国家旅游局制定并组织实施。酒店星级的取得表明该酒店所有建筑物、设施设备及服务项目均处于同一水准。

### (二)适用范围

我国各种经济性质的旅游酒店在正式开业一年后都可以参加星级评定,正式开业不足一年的可以申请预备星级。政府鼓励酒店参加星级评定,但尊重酒店意愿,采用自愿报名的形式。

知识链接 5-5

## 第三节 经济型酒店概述

### 一、经济型酒店的定义、分类及特点

#### (一)定义及分类

学术界对经济型酒店没有形成一个公认的定义,国外对经济型酒店的划分主要以价格为标准。例如,Powers(1995)认为,经济型酒店是指不提供全面服务(full service)的,房价在1991—1993年维持在33美元以下的酒店。根据经济型酒店的特点和中国的实际情况,经济型酒店应该是以大众旅行者和中小商务者为主要服务对象,以客房为唯一或核心产品,价格低廉,服务标准,环境舒适,硬件上乘,性价比高的现代酒店业态。

经济型酒店的分类有两个角度:一是从供给角度讲,主要涉及酒店设施、功能、物品、服务项目的配置规模、数量和档次等感官形态因素,以及投资总额和单项指标平均额的资金财务指标;二是从需求和市场角度讲,主要涉及进入酒店的消费者的经济支付水平和消

费满意度的主观评价，酒店的房价是最重要的衡量指标。对于特定地点、时期、供求环境、经营模式的经济型酒店，供给角度的分类衡量标准与需求和市场角度的分类衡量标准是完全一致的。如果特定地点、时期、供求环境、经营模式中的条件不是同时成立，供给角度的分类衡量标准与需求和市场角度的分类衡量标准会出现局部的不完全一致。

经济型酒店是个特定、动态、均衡的相对概念，绝不是简单、绝对、不变的概念。按更严格定义的解释，经济型酒店只提供小型餐厅等一些基本配套设施，但客房并不比星级酒店的标准配置差。为了便于把经济型酒店概念具体化，便于直观把握和比较，与人们平常熟悉的星级酒店档次相对应，假设酒店按档次分为高档酒店(四五星级，一半以上三星级)、经济型酒店(一二星级，约一半三星级)、普通旅馆(社会旅馆、个体旅馆)。中国经济型酒店标准间价格一般在 100~300 元/天。

### (二)特点

经济型酒店作为一种新兴业态，是经济发展和社会生活的产物，它完全区别于面对社会上流阶层的全服务酒店，是服务大众阶层、满足一般平民的旅行住宿的产品设施。其基本特征有以下五点。

(1) 产品的有限性。经济型酒店紧扣酒店的核心价值——住宿，以客房产品为灵魂，剪除了其他非必需的服务，从而大幅度削减了成本。一般来说，经济型酒店只提供客房和早餐(Bed & Breakfast)，一些有限服务酒店还提供简单的餐饮、健身和会议设施。

(2) 产品和服务的优质性。与一般的社会旅馆不同的是，经济型酒店非常强调客房设施的舒适性和服务的标准化。其清洁卫生、舒适方便的特点是社会旅馆所不具备的。

(3) 经济型酒店的价格适中。相比高档酒店动辄上千元的房价，经济型酒店的价格一般在 300 元人民币以下，一些青年旅舍和汽车旅馆只收取几十至一百元。

(4) 经济型酒店的目标市场是一般商务人士、工薪阶层、普通自费旅游者和学生群体等。而高档酒店往往以高级商务客人、高收入阶层、公费旅客为主要目标市场。

(5) 从经济型酒店的外在表现来说，其一般采取连锁经营的方式，通过连锁经营达到规模经济，提升品牌价值。这种经营方式也是经济型酒店区别于其他星级酒店和社会旅馆的一个明显特征。

## 二、经济型酒店的发展历史

经济型酒店(Budget Hotel)是相对于传统的全服务酒店(Full Service Hotel)而存在的一种酒店业态。经济型酒店在全球的发展经历了四个历史阶段：萌芽与发展初期、蓬勃发展时期、品牌调整时期和重新发展时期。

### (一)萌芽与发展初期

20 世纪 30 年代末期到 50 年代末期是经济型酒店的萌芽与发展初期，这一阶段的主要特点是汽车旅馆的出现与发展。20 世纪 30 年代，随着美国大众消费的兴起以及公路网络的发展，汽车旅馆开始出现，为平民的出游提供廉价的住宿服务。例如，早在 1939 年美国佛罗里达的几家汽车旅馆就自发形成了行业联合组织"品质庭院"(Quality Courts)，并于第二年改名为"品质庭院联合酒店"(Quality Courts United)，为单体汽车旅馆业主提供行业服务。

第二次世界大战后，美国经济的繁荣带动了大众旅游发展，从而引发了对中低档住宿设施的大量需求；城际高速公路网络的建成则促进了汽车旅馆的风行。1952年成立的假日汽车旅馆在吸收了过去汽车旅馆发展经验的基础上改善了服务质量，并且第一次尝试采取标准化方式复制产品和服务，在短短的十年间沿着美国的公路网络迅速发展。

### (二)蓬勃发展时期

从20世纪60年代初到80年代末，经济型酒店进入蓬勃发展时期。酒店数量迅速增长，而且产品形态呈现丰富的层次性，开始朝着多元化方向发展。连锁经营开始取代传统的分散经营模式，单体酒店开拓出快速发展的扩张途径，一些发展得比较成熟的经济型酒店开始并购整合单体酒店。同时，经济型酒店开始了国际化的发展，从美国传播到加拿大、中美洲、南美洲以及欧洲。这种扩张同时刺激了本土经济型酒店的兴起，尤其是欧洲的经济型酒店开始快速发展。到20世纪80年代末期，经济型酒店已经成为欧美国家的成熟酒店业态。

### (三)品牌调整时期

从20世纪80年代末到90年代末，经济型酒店行业开始进行品牌调整。经过长期的快速发展，经济型酒店进入了市场的成熟时期，高速增长和大规模扩张的动力逐渐减弱。大型酒店集团的多元化战略和投资政策促使酒店集团更加倾向于通过资本运作来购买和整合原有行业内的品牌，而不是自创的品牌。市场竞争淘汰了一些管理力量薄弱、资金运营不通畅的品牌，一些大而强的品牌则得益于资本实力和管理实力变得越发强大。竞争的加剧迫使企业转向服务质量管理和品牌建设。品牌建设、质量管理、市场细分、产品多元化等企业内部管理得到前所未有的重视。

### (四)重新发展时期

进入21世纪，经济型酒店步入了又一轮快速发展时期。这主要表现在经济型酒店在发展中国家的市场开拓和本土品牌的发展。在中国、东南亚等地区，经济型酒店的扩张非常迅速。世界著名的经济型酒店品牌陆续进入，如雅高集团的宜必思(Ibis)、一级方程式(Formula 1)、温德姆集团的速8(Super 8)、天天客栈(Days Inn)、洲际集团的假日快捷(Holiday Inn Express)等，都纷纷瞄准了亚洲市场。同时，一些亚洲本土的经济型酒店品牌也开始发展，例如中国的锦江之星、如家快捷、7天等。

## 三、中国经济型酒店的发展现状

我国经济型酒店最初的发展始于1996年，上海锦江集团下属的锦江之星是中国第一个经济型酒店品牌。进入21世纪，各种经济型品牌，呈现以下几个特点。

### (一)中国经济型酒店行业成长迅速，出现了一些影响颇广的民族自创品牌

具有全国影响力的有锦江集团于1996年创建的锦江之星，以及首都旅游国际酒店集团与携程旅行服务公司于2002年共同投资组建的如家酒店连锁。此外，还有一些地区品牌的经济型酒店，如上海地区的莫泰168、华南地区的7天、北京地区的欣燕都等。这些品牌呈

现蓬勃的发展趋势，在短短的几年时间里得到迅速扩张，一些地区品牌正在积极向着全国品牌的方向努力。

### (二)中国经济型酒店市场需求旺盛，几个大型城市和几块区域成为热点

北京、上海、广州、成都等大型城市的经济型酒店需求非常突出，市场条件比较成熟。而长江三角洲、珠江三角洲、京津地区这三个地区较高的经济发展总体水平也决定了经济型酒店的需求水平。所以经济型酒店在中国的发展是呈现点面结合的局面，迅速在经济发展较快的地区发展起来的。

### (三)经济型酒店吸引了各种资本的大量涌入

由于经济型酒店的投资比较低，而投资回报率明显高于一般的酒店；同时，中国目前的投资环境比较好，资金供给充足，很多闲散资金一直在努力寻找适合的投资项目，酒店这种优质的项目格外吸引资本的涌入；另外，中国房地产的升值空间也导致了投资者对经济型酒店地产的升值预期，所以，来自社会各个行业的资金纷纷看好这类项目进行投资。

知识拓展 5-2

### (四)经济型酒店市场外来品牌与民族品牌的竞争日益加剧

许多国外成熟的经济型酒店品牌看好中国的市场潜力高调进入，它们成熟的管理经验，雄厚的资金实力和人才储备，享誉世界的品牌，发达的营销网络，严格的质量控制都是无法比拟的优势，对本土发展起来，只有短短几年经验的中国民族品牌形成了强大的压力。拿江苏省来说，英国的国际青年旅馆在南京、无锡、苏州、扬州都有连锁店；美国速 8 连锁在无锡、苏州也有连锁店。

知识链接 5-6

## 本章小结

酒店是经政府批准的，利用服务设施完善的建筑，除向宾客提供住宿和餐饮服务外，还提供购物、健身、娱乐、邮电、通信、交通等多方面服务的经营性企业。酒店企业的组织部门通常分为两大类：业务部门和职能部门。不同的酒店根据自身经营的需要对组织部门的设计会略有不同，但一般来说，酒店的业务部门主要包括前厅部、客房部、餐饮部、康乐部、商品部等；职能部门则主要包括人力资源部、财务部、营销部、采购部、工程部、安全部等。根据不同的标准，酒店可以划分为不同的类型。酒店一般用星的数量和颜色表示酒店的等级。星级分为五个等级，即一星级、二星级、三星级、四星级、五星级(含白金五星级)。最低为一星级，最高为白金五星级。星级越多，表示酒店的档次和等级越高。作为星级的补充，开业不足一年的酒店可以申请预备星级，其等级与星级相同。经济型酒店随着社会经济的发展规模不断壮大，根据经济型酒店的特点和中国的实际情况，经济型酒店应该是以大众旅行者和中小商务者为主要服务对象，以客房为唯一或核心产品，价格低廉，服务标准，环境舒适，硬件上乘，性价比高的现代酒店业态。

## 课后练习

1. 酒店的概念是什么？
2. 酒店由哪些主要的组织部门构成？
3. 酒店根据市场及客人特点可以分为哪几类？
4. 根据酒店规模，酒店可划分为哪些类型？
5. 经济型酒店的定义是什么？
6. 中国经济型酒店的发展现状如何？

# 第六章

## 旅游交通

【学习目标】

通过本章的学习,要求学生了解旅游交通的概念、特性以及旅游交通在旅游发展中的作用及地位;掌握我国主要的旅游交通方式,如航空、铁路、公路、水上运输等。

【关键词】

旅游交通　航空　铁路　公路　水上运输

旅游学基础

**案例导入**

### "旅游+交通"为大美阿克苏"景"上添花

今年以来，新疆阿克苏市按照自治区党委"1+3+3+改革开放"工作部署，全面贯彻落实旅游兴疆战略，依托区位优势，探索"旅游+交通"发展模式，打造立体化、网络化大交通框架，形成畅游南疆的全域旅游线路，充分展现南疆壮美的自然风光、遗存丰富的丝路古迹和浓郁多彩的民族风情。

2020年4月华夏航空联合阿克苏丝路魅力文旅集团推出"春天集结号飞往阿克苏"活动后，地区"旅游+航空"发展模式渐入佳境，阿克苏三日游、两日游旅游产品深受广大游客喜爱，打着飞机游阿克苏的方式也受到了来自阿勒泰、伊宁、库尔勒等城市游客的一致好评。

在阿克苏旅游集散中心，每到周末就会有不少游客前来乘坐旅游直通车，前往阿克苏地区各大景区。游客田永高兴地说："现在有了旅游直通车，到阿克苏各个景点也很方便，票价很实惠。"

据了解，为增加游客直达景区出行方式，打通旅游"最后一公里"，阿克苏旅游集散中心开通了天山托木尔大峡谷、温宿天山神木园、温宿帕克勒克等景区旅游直通车，串联各大景区，打造"珍珠链""玛瑙环"，实现了游客与景区"零距离"接触，为大美阿克苏"景"上添花。

（资料来源：http://xj.people.com.cn/BIG5/n2/2020/0713/c394722-34152861.html）

**辩证性思考**

1. 旅游交通方式有哪些？
2. 旅游交通在旅游业发展过程中的作用有哪些？

# 第一节　旅游交通概述

## 一、旅游交通的概念

旅游交通是指旅游者为了实现旅游活动，借助某种交通工具，实现从一个地点到另一个地点之间的空间转移过程。它既包括旅游者的常住地和旅游目的地之间的往返过程，也包括旅游目的地之间、同一旅游目的地内各旅游景点之间的移动过程。

## 二、旅游交通的特性

旅游与交通的关系密不可分，交通为旅游的发展提供了必要的条件，旅游对交通的发展也起到了相当大的促进作用。现代旅游的快速发展在很大程度上是依赖现代交通的结果。旅游交通在整个国民经济交通运输业中，既有其特殊性，又具有相对的独立性。

### (一)层次性

旅游交通层次分明,从其输送游客的空间尺度及人们的旅游过程来看,可以分为三个层次。第一层次:外部交通,指从旅游客源地到目的地所依托的中心城市之间的交通方式和等级,其空间尺度跨国或跨省,交通方式主要有航空、铁路和高速公路。比如外国人或外省人到大理旅游所选择的航空、铁路或高速公路的方式。第二层次:涉及中小尺度的空间,指从旅游中心城市到旅游景点(区)之间的交通方式和等级,交通方式主要有铁路、公路和水路交通。例如,旅游者要从大理到南诏风情岛旅游,选择了水路,借助游轮这个旅游交通工具,从而实现了游览的目的。第三层次:景区(点)的内部交通,主要有徒步或特种旅游交通,如索道、游船、畜力(骑马、骑骆驼)、滑竿等。旅游者游览苍山既可以选择徒步,也可以选择乘坐索道。而游览宾川鸡足山时,在某些路段旅游者可以选择骑马等。

### (二)游览性

游览性,顾名思义,就是旅游交通的线路设计和交通的设施上都必须具有游览性,这也是旅游交通区别于普通交通最明显的特征。它从三个方面表现出来:首先,在旅游交通线路的设计上,尽量做到使游客"旅短游长"、旅速游慢,使一次旅游能到达尽量多的旅游景点;其次,在旅游交通设施上,提供安全、舒适的设施设备,以便游客在乘坐旅游交通工具时观赏沿途风光,从而提升游客的满意度,增加旅游产品的附加值;最后,旅游交通工具的特色与新颖会对旅游者产生极大的吸引力。

### (三)舒适性

旅游交通较一般的交通更注重提高人们乘坐的舒适性,特别体现在一些国际的旅游专列和巨型远洋邮船的豪华设施设备上。

### (四)季节性

旅游活动受季节、天气及人们闲暇时间的影响,表现出很强的季节性,比如淡旺季。旅游交通也反映了季节性,比如节假日旅游交通的客源量会出现较大的增加。因此,采取季节差价是保持旅游交通客运量相对稳定的措施之一。

### (五)替代性

由于旅游者经济、审美、时间等各种原因,旅游交通的替代性如下。
(1) 各种交通工具之间存在替代性。(飞机、火车、汽车、轮船)
(2) 同一交通工具不同档次之间存在替代性。(飞机的头等舱、经济舱,火车的软卧、硬卧、硬座,轮船的一等舱、二等舱、三等舱等)

## 三、旅游交通在旅游发展中的作用及地位

### (一)旅游交通是旅游区兴起和发展的前提条件

旅游构成有六大要素,即食、住、行、游、购、娱,而旅游中的"行"这一要素是进

行旅游活动的重要因素。这里涉及两点，一是旅游者能不能进入和道路的质量，二是交通工具的水平和档次。这两点是限制旅游市场开发的主要原因。这就涉及道路建设和运输工具的不断完善与提高。虽然古代旅行家徐霞客凭着一双脚，穿过荆棘小道，到过桂林，但如此方式，只限于个人或少数人游览，观光的景点有限，形成不了旅游规模，更谈不上旅游经济的开发。切实抓好交通基础设施建设，对于实现旅游生产、分配、交换、消费的有机结合，对于繁荣旅游经济和市场，活跃社会经济生活，搞好旅游区的建设，从而推动当地经济的快速腾飞都起着至关重要的作用。旅游交通是旅游者实现旅游活动的必要的条件。

### (二)旅游交通是区域旅游线路发展的命脉

旅游地的发展状况与旅游交通有着密切的联系，旅游交通的发展在一定程度上会制约旅游地的发展，它们的关系是相互依存的。即使旅游地的旅游资源再丰富，如果其地理位置偏远，交通闭塞，也很难对旅游者形成吸引力，因而更谈不上旅游经济收入了。

相关案例 6-1

### (三)旅游交通是旅游线路质量的重要评价指标

旅游线路质量的好坏在很大程度上取决于旅游交通质量的好坏。近年来，大理的旅游定位逐渐从观光型向休闲型、享乐型的趋势发展，因而，旅游线路的设计更注重旅游交通的质量。例如，双廊风光以背负青山、面迎洱海、紧连鸡足、远眺苍山而独秀，既有渔田之利，舟楫之便，更拥有"风、花、雪、月"之妙景，享有"苍洱风光在双廊"的美誉。登上南诏风情岛，更可目睹 17 米高的汉白玉观音拜弥勒佛山的奇观。由于前往双廊的交通方便且方式自由，又是个新兴的旅游线路，因此格外受旅游者的青睐。

### (四)旅游交通能成为旅游线路的游览项目

新型的现代化交通工具是最能突出表现地方特色与民族风格的，可以使旅游交通成为旅游线路上的游览项目，甚至在一定程度上成为旅游者的旅游目的之所在。例如，游览丽江—拉市海茶马古道，可以选择游览穿越原始森林—水源头—七仙湖骑马线路。这条线路因依托底蕴深厚的马帮茶马古道文化和拥有优美的自然风光，逐渐成为旅游者青睐的旅游线路。

相关案例 6-2

## 第二节　主要旅游交通方式

### 一、航空运输

航空运输最主要的交通工具是飞机，飞机是 1903 年由美国的莱特兄弟发明的，短短几十年时间航空运输就得到了迅猛的发展，第二次世界大战过后飞机逐渐成为世界上远程旅游中最为重要的交通工具。在发达国家飞机已经成为人们出行最主要的交通工具，由于航空运输的发展，世界逐渐缩小。

航空旅游交通具有快捷、省时、舒适、安全、适合中远程旅游等优点；同时也存在成本高、能耗大、污染环境、票价高、受天气状况影响大、只能完成从点到点的旅行和不适合短途旅游等缺点。

　　航空旅游交通的发展与机场建设关系密切。一个大型民用机场至少需要 3000 米长的跑道，需要具备良好的用地条件。同时，机场建设还有一个经济距离问题，国际上一般认为机场的经济距离为 400~500 公里。

相关案例 6-3

## 二、铁路运输

　　铁路运输的交通工具主要是火车。火车在第二次世界大战结束以前一直是旅客运输的主要方式，但是"二战"后世界上乘坐火车旅游的人越来越少，这是因为高速公路的修建和航空运输的发展，铁路运输受到了极大的冲击。但在我们国家火车仍然是出行的主要方式，我国目前在大力发展高速铁路，其技术水平已经达到世界领先水平。

　　铁路旅游交通具有运载量大、长途运输成本低、远距离持续行驶能力较强、受季节和气候的影响小、环境污染小、费用低、较安全、舒适性强等优点，但同时也存在速度慢、长时间旅行容易使人疲劳、路轨铺设受地形条件影响大、造价高、修建工期长等缺点。

相关案例 6-4

## 三、公路运输

　　公路交通是现代旅游中最重要和最普遍的短距离旅行方式。其主要优点包括：灵活性较大，能深入到旅游点内部，实现"门到门"运送；对自然条件的适应性强；能随时随地停留，可任意选择旅游点，把旅游活动从点扩大到面；公路建设投资少，占地少，施工期短，见效快等。公路旅游交通的缺点包括：运载量小；可变成本高，运费较高；活动范围不能太大，不适合长线旅游；速度较慢；受气候变化影响较大；安全性能差，事故率较高；容易产生噪声、废气，污染环境；车内空间有限，不能活动，游客容易疲劳等。

　　为了改变传统公路旅游交通速度慢的问题，目前全世界都在大力倡导修建高速公路，极大地提高了公路旅游交通的速度。另外，为了方便旅游者出游，出现了游憩汽车(recreational vehicles)，相当于可移动的家庭旅馆，将旅游中的"行""住"结合起来，受到广泛的欢迎。其优点是：经营成本较低，费用便宜，富有独立性、灵活性，短程旅游速度快、方便，旅游汽车环境舒适，空调及音像等设备齐全，利用汽车组织包价旅游可克服行李和转车问题等。

相关案例 6-5

## 四、水上运输

　　水路旅游交通包括内河航运、沿海航运和远洋航运。水路交通具有运量大、能耗小、线路投资少或几乎没有、运输成本低等优点，但也存在速度较慢、准时性差、灵活性差、受河道和海路吃水深度等多种自然因素影响大等缺点。

　　现代水路旅游交通朝两个方向发展：一是提高速度，如气垫船；二是充分利用轮船体积大的特点，将船上的设施向完备、豪华的方向发展，成为专为旅游服务的游轮，如德国 1969 年建造的"汉堡号"游轮。

旅游学基础

## 五、市内交通工具

### 1. 地铁或轻轨

地铁或轻轨是大城市内的主要交通工具，具有运量大、速度快、不受地面气候影响、不受其他车辆和行人的干扰、准时、安全、舒适、不排放废气等优点。

### 2. 公共汽车

公共汽车具有价格低廉、运行路线和班次多、运量大等优点。

### 3. 出租汽车

出租汽车具有随叫随停、灵活方便等优点。

## 六、辅助性交通工具

辅助性交通工具是专门用于旅游区内或特殊旅游活动中的交通方式。它不仅可以帮助旅游者实现空间位移，而且可以让使用者获得娱乐和享受。因此，在现代旅游中，辅助旅游交通越来越被人们重视，具体包括以下几类。

（1）机械动力交通工具类：缆车、机动船、摩托车、机动三轮车等。
（2）自然力交通工具类：帆船、冰帆等。
（3）畜力交通工具类：各类坐骑、畜力车、爬犁等。
（4）人力交通工具类：自行车、人力三轮车、木筏、竹排、皮划艇、乌篷船、雪橇、轿子、滑竿、羊皮筏子等。

## 本章小结

旅游交通是指旅游者为了实现旅游活动，借助某种交通工具，实现从一个地点到另一个地点之间的空间转移过程。它既包括旅游者的常住地和旅游目的地之间的往返过程，也包括旅游目的地之间、同一旅游目的地内各旅游景点之间的移动过程。旅游交通具有层次性、游览性、舒适性、季节性、替代性等特性。目前主要的旅游交通方式有航空、铁路、公路、水上运输等。航空旅游交通具有快捷、省时、舒适、安全、适合中远程旅游等优点；同时也存在成本高、能耗大、污染环境、票价高、受天气状况影响大、只能完成从点到点的旅行和不适合短途旅游等缺点。铁路旅游交通具有运载量大、长途运输成本低、远距离持续行驶能力较强、受季节和气候的影响小、环境污染小、费用低、较安全、舒适性强等优点，但同时也存在速度慢、长时间旅行容易使人疲劳、路轨铺设受地形条件影响大、造价高、修建工期长等缺点。公路交通是现代旅游中最重要和最普遍的短距离旅行方式。其主要优点包括：灵活性较大，能深入到旅游点内部，实现"门到门"运送；对自然条件的适应性强；能随时随地停留，可任意选择旅游点，把旅游活动从点扩大到面；公路建设投资少，占地少，施工期短，见效快等。公路旅游交通的缺点包括：运载量小；可变成本高，运费较高；活动范围不能太大，不适合长线旅游；速度较慢；受气候变化影响较大；安全性能差，事故率较高；容易产生噪声、废气，污染环境；车内空间有限，不能活动，游客容易疲劳等。水路旅游交通包括内河航运、沿海航运和远洋航运。水路交通具有运量大、能耗小、线路投资少或几乎没有、运输成本低等优点，但也存在速度较慢、准时性差、灵活性差、受河道和海路吃水深度等多种自然因素影响大等缺点。此外还有市内交通工具和辅助性交通工具，这些都为旅游业的发展提供了交通保障。

## 课后练习

1. 旅游交通的特性是什么？
2. 旅游交通在旅游发展中的作用及地位如何？
3. 航空运输的优缺点是什么？
4. 铁路运输的优缺点是什么？

# 第七章

## 其他旅游业态

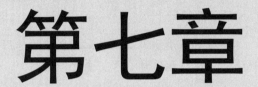

【学习目标】

通过本章的学习,要求学生理解旅游娱乐的概念,了解旅游娱乐的特点,了解最具代表性的旅游娱乐业;理解休闲旅游的概念、特征、类型;掌握旅游电子商务的内涵、类型和特点。

【关键词】

旅游娱乐 休闲旅游 旅游电子商务

旅游学基础

> **案例导入**

### 《印象·刘三姐》接待游客累计突破 900 万人次

新年伊始，阳朔旅游传来好消息，桂林旅游与文化相结合的典范《印象·刘三姐》景区接待游客累计突破 900 万人次，年均接待游客超过百万人次。

2013 年的第一周，尽管天气寒冷，但是《印象·刘三姐》景区依然火热，游客接待量超过 1 万人次，实现新年开门红。《印象·刘三姐》作为目前世界上最大的山水实景剧场，以其美轮美奂的舞台效果和原生态的民族文化展示，倾倒无数观众，每年演出 500 余场，几乎场场座无虚席。2012 年，该景区接待游客数量进入快速增长阶段，全年接待游客超过 150 万人次，创下年游客接待量的最高纪录。另外，单月观众人数最多的历史纪录，也是在当年的 8 月份创下，当月景区共接待游客 21 万人次。

(资料来源：http://www.gx.xinhuanet.com/dtzx/xingan/2013-01/17/c_114355440.htm)

**辩证性思考**

1. 旅游娱乐项目在旅游业发展中的作用是什么？
2. 饭店娱乐项目有哪些主要类型？

## 第一节 文 化 旅 游

### 一、文化旅游的概念

文化旅游是指以文化旅游资源为支撑，旅游者以获取文化印象、增智为目的的旅游产品，旅游者在旅游期间进行历史、文化或自然科学的考察交流、学习等活动。文化旅游的实质就是文化交流的一种形式，旅游者从中可以获得精神与智力的满足，是一种较高层次的旅游活动。

### 二、文化旅游的特点

#### (一)可持续性

旅游主体的文化追求无止境，市场广阔。例如从旅游空间来看，旅游者首先在家乡旅游，后来发展到在本省、本国范围内旅游，进而把旅游空间扩展到外国、外洲，现在人类已经把自己的旅游空间拓展到了太空。空间不断扩大，异地、异质文化丰富多彩。从旅游类型来看，文化观光内容不断丰富，专项文化旅游日益涌现，享受生活的休闲度假蓬勃发展。

文化旅游有利于文化景观保护。发展文化旅游，一定程度上更加有利于文化旅游资源的保护。例如文物保护单位，"博物馆式"保护缺少资金，也不利于保护，合理开发性保护，既有利于积累保护资金，也有利于延长文物寿命：以民居为例，没有人居住的房屋因为空气不流通，容易滋生病菌，危害房屋，又缺少必要的维护和保养，最容易坍塌。适度发展旅游，有利于保护文化景观，所以《中华人民共和国文物保护法》规定，在保护和不改变文物保护单位现状的情况下，文物保护单位可以辟为游览参观场所。

人类不断创造新的文化景观。文化旅游的对象主要是人文景观或场景、氛围，文化景观大都是历史文化的沉淀或人类思想精华的凝集，以坚固的实物、知识技能或信息等形式存在。在社会发展进程中，人们会不断地创造出新的文化景观，也会不断吸收优秀传统文化的精华，通过自己的创造，变成更加丰润的文化景观传承后人，满足一代又一代的需要。

### (二)知识密集型

文化旅游产品蕴含着大量的知识信息，是一种知识密集型旅游产品。文化旅游能为旅游者提供大量丰富的科普知识、历史知识、社会知识，接受艺术熏陶，提高文化修养，使游人从中得到某些感悟与升华。如到徽州民居中旅游，许多楹联很能教育人，或崇尚孔孟之道，或注重教化，或抒情言志，或劝人积德行善，或教人治国济世。

## 三、文化旅游项目开发的十大类型

资源是项目或产品开发的基础，依托文化旅游资源的不同分类，本文将文化旅游项目开发总结为十大类型。

### 1. 故居类

依托名人的诞生地或居住地，进行旅游开发，"跳出故居做故居，整合文化做文化"的故居打造思路，对名人故居背后隐藏的文化的深度挖掘，通过景观景点、多样化产品设计和体验性的展陈设计，将名人故居与周围环境相联系，实现以故居为核心的综合旅游开发。

### 2. 宗教类

随着人们对文化层面、精神层面、养生层面的提升，宗教旅游逐渐走向大众化。旅游项目的开发运作也逐步朝大型化、综合化发展，由单纯满足朝拜、观赏的功能向食、住、行、购、娱、养生等综合性旅游配套功能发展，并形成独立的综合旅游区。

### 3. 古镇/古村/古街

以古镇/古村/古街区保护为前提，以改善原住民生活环境为基础，将休闲旅游、文化体验、休闲商业融入古民居，通过历史文化的引入、多元业态的设计以及慢生活方式的诠释，促进老街重新焕发生机，实现可持续保护发展的思路。

### 4. 史前遗址类

在遗址保护前提下，通过情境规划和体验设计对遗址进行合理开发的思路，依据项目的主题和文化脉络，设计情境、讲故事，形成景区或旅游区的文化、主线和灵魂，使游客充分融入旅游区设计的情境和文化中去，使旅游体验活动更加生动。

### 5. 古代设施类

古代设施包括古运河、古长城、城楼、军事防御设施等。其开发的关键在于独特的文化主题怎样转化为旅游吸引力，且落地运作。"从文物旅游到文化旅游"的策略，以"景观情境化"手法,打造各种长城边塞文化的可体验场景与氛围,破解保护与开发两难的命题。

### 6. 文化主题公园

文化主题公园是将传统文化与现代游乐结合在一起,形成的一种创新旅游产品。中国古代文化如何转化为现代人喜闻乐见的、拥有市场吸引力的、新型的游憩方式,从而建构出旅游、休闲、娱乐的产品,是中国旅游界一直在探索的课题。

### 7. 文化新区类

此类项目的成功打造需要三大核心要素:第一,旅游体验核心,可以由文化观光型景区、大型实景演出等来承担,是吸引人气、聚集人流的核心,也是聚集区的主要收益结构;第二,旅游服务核心,是以旅游观光与体验为基础的旅游服务收益区域,通常在新区、新城的入口区、附近村落小镇,形成食、住、行、游、购、娱等功能集聚;第三,休闲度假核心,是旅游体验的升级内容,在大众观光与体验之外,以当地独特文化内涵与生态背景为特色,形成特色会议、商务、度假、养生,同时形成旅游地产开发。

### 8. 旅游小镇类

旅游小镇的开发都与一定的文化密切相关,离开文化的旅游小镇就缺少了生命力。旅游小镇打造的七步曲:文化挖掘,主题定位;肌理打造,搭建骨架;风貌选择,塑造外观;业态设计,输入血脉;功能规划,注入活力;产业整合,良性互动;城镇配套,景镇合一。

### 9. 文化产业园区

文化产业园区,是市场经济条件下文化旅游建设的新形态和"文化旅游生产力"的重要组成部分,是以文化为主题的都市体验式休闲消费区。成功构建文化旅游产业园区需要根植于七大要素:文化主线的选择与定位;整合资源,塑造园区产业驱动力;旅游产业要素体系构建完备;创新文化旅游体验模式;创意文化旅游产品;强化营销策略整合;构建全新管理融资机制,文化旅游产业园区才能在众多园区建设中脱颖而出。

### 10. 纪念园类

纪念园不同于一般意义上的风景旅游区,其独特性首先在于纪念性精神内涵的吸引力,其次才是娱乐性与美观度和吸引力。因此,如何展示纪念性园林的精神内涵,使游人产生情感共鸣,是纪念性园林游赏产品规划设计成败的关键。

相关案例 7-1

## 第二节 旅游娱乐

### 一、旅游娱乐的概念

旅游娱乐是指旅游者在旅游过程中,寻找精神愉悦、身体放松、内心满足和个性发展的旅游活动,以及旅游目的地融合这些需求的服务供给产业。

## 二、旅游娱乐的特点

### (一)多样性

多样性是指提供给旅游者的娱乐项目种类繁多,等级悬殊,适合于不同口味的顾客选择。我国民族种数之多、分布地域之广举世无双,每一个民族都有自己独具特色的娱乐产品,不同民族有不同的戏曲、歌舞,这些都是异地游客喜欢的节目。

### (二)分散性

旅游者经常驻足的地方,都会相应地设置娱乐设施,导致了它在地域上的分散性。如中国独有的曲艺具有明显的地方性,东北的二人转、凤阳的花鼓、北京的相声、苏州的评弹、上海的独角戏等地方娱乐产品比比皆是,而且很受欢迎。

### (三)可塑性

一是投资的可塑性大,资金不足可因陋就简,以"土"取胜,有条件的可以锦上添花;二是活动的内容可塑性强,转向快,尤其是文娱节目可以随时更换。

### (四)投资省,见效快

很多地方通过新上某些吸引观众眼球的旅游娱乐项目,从而吸引旅游者,达到一定的社会经济效益。

### (五)可转移性

许多娱乐活动可以进行地点上的转移。如一些文娱节目的演出、灯会的举行等。

## 三、旅游娱乐业的作用

### (一)满足旅游者的更高层次的娱乐需求,丰富旅游活动

传统的旅游只是静态的景物的观赏,是属于旅游需求层次的基本需求。随着社会的发展,人们的旅游需求日益多样化,除了基本的需求外还有提高层次的需求,特别是娱乐的需求。旅游观赏是旅游活动产生的重要原因,观赏、欣赏作为旅游活动的组成部分,只能是旅游活动的基本内容。旅游娱乐项目的开发,极大地引起了旅游者的兴趣,满足了旅游者更多的旅游需求,使得整个旅游活动更加丰富,形式更加多样。随着旅游业的发展,旅游产品正由静态的景物观赏向动态参与的方向发展。

相关案例 7-2

### (二)改善旅游产品结构,提高旅游产品的竞争力

旅游娱乐项目作为旅游活动的一部分,是对旅游欣赏层次的补充和提高。它对旅游产品结构的改善,大大增强了旅游资源的吸引力,提高了旅游产品和整个旅游地的竞争力。

相关案例 7-3

### (三)提高旅游业的经济效益，有助于减轻季节性给旅游业造成的冲击

旅游娱乐项目主要是满足旅游者除了观赏之外的其他旅游需求，具有很高的娱乐性。它对于当地的居民也有一定的吸引力，尤其是当旅游淡季时，吸引当地居民参与其中可以创造旅游效益，平衡收支。

### (四)促进旅游地旅游形象的改善

旅游娱乐项目的引进在一段时间内具有一定的资源垄断性，其宣传和影响可以促进外界对旅游地的了解，从而改善和提升旅游地的旅游形象。

### (五)丰富当地的文化娱乐生活

当地居民参与到旅游娱乐活动中来，可以使旅游娱乐成为当地居民生活的一部分，可以提高旅游地居民的素质和生活水平，丰富当地居民的文化和娱乐生活。旅游娱乐活动也是社区文化的组成部分。

## 四、旅游娱乐的类型

### (一)按旅游娱乐的空间位置划分

按设施的空间位置不同，可将旅游娱乐分为室内娱乐产品和室外娱乐产品。

室内娱乐产品。这类产品包括各种形式的俱乐部、舞场、保龄球室、室内游泳池、文娱室和健身房等。

室外娱乐产品。这类产品包括游乐园、靶场、高尔夫球场、海水浴场和滑雪场等。极限运动如蹦极、攀岩、卡丁车、滑翔伞、野外生存、定向运动、匹特博、潜水等也属此类。

### (二)按娱乐设施的活动项目划分

按娱乐设施的活动项目不同，可分为单项旅游娱乐产品和综合旅游娱乐产品。

单项旅游娱乐产品。这类产品以专项娱乐设施仅满足旅游者一方面的需求，如现代主题公园中常见的娱乐活动项目，如激流勇进、天旋地转、太空梭、过山车、四维电影等。

综合旅游娱乐产品。这类产品以综合娱乐设施为旅游者提供服务，是多种旅游娱乐项目的汇总，如游乐园等。目前，很多主题公园都推出一些综合性的娱乐产品，如苏州乐园、深圳的欢乐谷主题公园等。

### (三)按娱乐活动的功能划分

按娱乐活动的功能不同，可分为康体类、消闲类和娱乐类。

## 五、旅游娱乐项目介绍

### (一)体验类游乐项目

一个优秀的旅游景区，首先是留住不同年龄段的人群。年轻人是当下消费主流人群，偏爱极限游乐项目。年轻人平时工作压力大，体验一下极限游乐项目，可以放松心情，释

放压力。小孩天生好奇，游乐项目是遛孩神器。各种娱乐项目如图 7-1～图 7-11 所示。

图 7-1　热气球(适合节庆、地域广阔的旅游区)

图 7-2　山地滑车(适合平缓的山地)

图 7-3　原子飞车(适合丛林山地)

图 7-4　悬崖秋千(适合悬崖峭壁)

图 7-5　步步惊心(适合险峻山谷)

图 7-6　七彩滑道(适合平缓山地)

图 7-7　簸箕船(适合湖面水域)

图 7-8　滑翔伞(适合广阔无障碍山顶)

图 7-9　玻璃水滑道(适合山谷、峡谷)

图 7-10　玻璃全景观光平台(适合山顶)

图 7-11　景区观光小火车(适合需要交通接驳景区)

### (二)演艺类娱乐项目

为增加景区(点)的文化内涵,活跃景区(点)的旅游氛围,很多景区(点)以地方资源特色和文化特色为主题打造具有观赏性、参与性、知识性的娱乐表演项目,以提升景区的产品功能和效应,满足广大游客的需求。例如开封的清明上河园,游于园中旅游者可尽情欣赏如汴绣、木版年画、官瓷、茶道、纺织、面人、糖人等手工艺术的现场表演制作,以及曲艺、杂耍、神课、博彩、驯鸟、斗鸡、斗狗等民俗风情表演。

知识链接 7-1

### (三)科技类娱乐项目

知识拓展 7-1

随着消费需求的变化,旅游不再仅仅是旅游,更多的是以旅游+文化+科技运作模式随着需求变化而不断发展和升级着。最开始出现的形态是简单的机械娱乐设施,以满足追求新奇的亲子家庭和追求感官刺激的消费者的需求为主，以门票和套票为收入来源，缺乏衍生品的开发，不容易产生二次消费，常运用于主题乐园和游乐场等户外场地，如摩天轮、太空舱、海盗船等都属此类。

后来增加了各种灯光、激光秀及水幕电影的打造，大到专业舞台的姹紫嫣红，小到森野公园的一抹亮色。虽然有故事情节的简单呈现，却缺乏观众和故事之间的互动。常运用于大中小型夜景打造，如古北水镇望京街水舞剧场、柏林灯光节等。随后又衍生出了以实景演出为代表的夜间消费形态，易受观众人气、客流量、核心文化资源、气候、市场运作、交通基础设施等多种因素的影响，门槛高且投入大。因此，一般与知名主题景区、特色小镇一起出现，如《印象·刘三姐》、宋城千古情、又见平遥等。

到现在，随着科技的进一步发展及文旅融合的不断深入，出现了以VR、AR前沿技术为载体，融合数字技术、光影技术、文化艺术、IP等打造体验故事线的线下沉浸式娱乐模式。该类模式不仅打破了表现形式和观众间的界限，而且让观众能走进演出场景和展览中，还让游客能与其中的演员或布景产生互动，可以说它是当前旅游、文化及科技三者间结合最紧密，故事性、体验性和互动性都最强的形态。

据不完全统计，近些年，沉浸式已经渗透到了近4000亿的线下娱乐市场的各个场景中。2020年8月，国务院办公厅发布《关于进一步激发文化和旅游消费潜力的意见》，鼓励"发展基于5G、超高清、增强现实、虚拟现实、人工智能等技术的新一代沉浸式体验性文化和旅游消费内容"。

政策的利好，正进一步为这个行业注入新的活力。从沉浸式娱乐活动，到沉浸式IP主题展，再到沉浸式新媒体艺术展。不但沉浸式娱乐的落地形式日渐个性化与多元化，而且给线下娱乐带来了多样化的内容升级，甚至还可能改变传统娱乐的商业模式。

沉浸式娱乐具备有视效、可互动、参与度高、复玩率高、回报周期短、迭代性强、收入多元化等明显特征。引入契合的沉浸式娱乐项目，不仅能大大丰富文旅目的地的产品形态和内容，还能为游客创造深度体验的环境和多业态的消费场景，更能实现目的地与游客黏性的增强及二次消费的提升。

当然也并非所有景区通过引入沉浸式娱乐项目，就能实现营收倍增。未来能实现沉浸式娱乐与旅游完美结合的主要有三大类景区。

### 1. 自然生态类主打科技体验感的沉浸式娱乐

对以稀有资源为引流点的生态或自然景区而言，受限于地域环境和必要的保护措施，能够给游客带来的体验感和震撼性都会有所欠缺。而通过艺术+科技的形式能够为游客，特别是为亲子游客打造出能够呈现出大自然奥秘和美丽的沉浸式场景，让他们可以更为生动、直观地进行自然科学探索和深度的自然教育(见图7-12)。

图7-12　自然类沉浸式娱乐

### 2. 人文景观类主打剧情、文创体验感的沉浸式娱乐

中国作为历经上下五千年、从未断过传承的历史文化古国，有着非常丰富的园林、古村落、世界遗产和遗址等。特别是一些大型的人文景观类景区，如华清宫、大明宫、圆明园等。可进行本土 IP 深度开发，通过挖掘其历史传说和文化故事，并运用 VR、AR、全息等技术将遗址本身与文化剧情内容深度结合起来，实现整个空间的活化和文化内涵再造，同时，还可通过文创与其他业态联合，让游客一进园区/场馆，所见、所触就融入故事，全身心沉浸其中(见图 7-13)。

图 7-13　人文类沉浸式娱乐

### 3. 现代娱乐类主打 IP 赋能+多业态场景体验的沉浸式娱乐

这类景区，既无稀缺资源，又无悠久的文化传承，但其自主性和机动性强，特别是在 IP 或业态的匹配度方面拥有其他景区无法比拟的优势。将更多有温度、有故事、有商业化可能性的影视、游戏、动漫和综艺等一系列优质 IP 引入其中，通过 IP 二次创造，结合 AR、数字技术等载体打造线下沉浸体验模式，并展开产业链延伸。

当下的景区作为一个整体的体验场景，越来越多元化，场景营造和消费购物间的结合也越来越紧密化、自然化。结合 IP 场景营造引入多业态场景，还可在场景内赋予游客虚拟货币用于消费，让游客在全沉浸式的场景里获得绝佳的体验感，进而提升复玩率和二消率。

## 第三节　休闲旅游

### 一、休闲旅游的概念

休闲旅游是指以休闲旅游资源为依托，以旅游设施为条件，以休闲为主要目的，以特定的文化景观和服务项目为内容，离开定居地而到异地逗留一定时期的游憩、娱乐和休息活动。休闲旅游与其他旅游，尤其是观光旅游的不同之处在于一个"闲"字，它是旅游者有了较多的闲暇时间和可自由支配的经济收入，旅游地有了相当先进的服务设施条件下而逐渐形成的，是旅游得以高度发展的产物。在这里，传统旅游概念中"惯常环境"的范围几乎缩小到居家环境，即休闲旅游的主体不仅仅是标准的"游客"，也包括当地(目的地)的，但同样符合旅游者三大必备条件的居民。

## 二、休闲旅游的特征

### (一)注重内心感受

休闲度假旅游者所追求的主要旅游目的是休息放松,回归自然,所以他们更注重选择一些自我感兴趣的活动,实现旅游过程中的轻松、愉快和舒适的状态,而不会盲目追求时髦,压抑个性。这也就决定了休闲度假旅游与传统的奔波于各旅游景点的旅游方式不同,休闲度假旅游者更注重内心感受,到达目的地后,一般停留时间较长,活动半径主要局限于度假地及其附近地区,在旅游过程中,节奏较慢,活动内容自由、闲适。

### (二)对环境要求较高

休闲度假旅游者最主要的目的是使身心得到彻底放松,所以对旅游目的地的环境要求较高。与其他旅游形式相比,休闲度假旅游者更愿意在环境和服务上花费更多。良好的环境主要包括自然环境和服务环境。一般来讲,气候宜人、空气清新、风景优美的自然环境更受人青睐。有文化特色的度假地也可以使人在心情上得以放松,吸引游人。完备的娱乐和保健设施、食宿中较好的卫生条件、安全周到的服务,是使游人身心放松的必备条件,也是成熟的休闲度假地的魅力所在。

### (三)以家庭游为主要形式

家庭成员中的亲情和朋友中的友情所创造出的温馨氛围,成员彼此间的相互了解与信任,最能使休闲度假旅游者释放内心的抑郁,心情得到彻底放松,所以与传统的旅游方式不同,休闲度假旅游者很少随团出游,大都选择家庭出游或朋友结伴出游,在温馨和谐的环境氛围中,旅游者在旅游过程中充分享受亲情、浓化友情、加深感情,以达到充分发挥自主选择、展现个性、实现自我的休闲目的。

### (四)有较强的时间周期性

休闲度假旅游有一定的假期限制,人们的休闲度假时间往往选在法定的节假日,如我国的周末、"十一"黄金周、春节和寒暑假等,这使得他们的度假带有明显的时间周期性,节假日期间呈现出高峰状态,其余时间则相对冷清。即使国外旅游者享有带薪休假,但因其多选择自然风光独特的海滨、高山、滑雪等地进行休闲度假,而这些度假地往往和季节有着密切联系,使得他们的休闲度假活动呈现出很强的季节周期性。所以,与其他旅游方式相比,休闲度假游的时间周期性特征更为明显。

### (五)重游率高

休闲度假者所追求的是有特色的享受和放松,它并不是以扩大知识面、增长见识为主要目的,所以,度假地一旦较好地满足了旅游者的休闲目的,便会对游客产生吸引力,使游客形成一定的消费惯性,对该地的重游率极高。休闲度假市场较为成熟的如夏威夷、加勒比海地区以及东南亚度假地都有自己固定的客源,这和休闲度假者的消费惯性有一定关系。

### (六)国内化、郊区化趋势显著

目前,我国的休闲度假市场刚刚发展,其特征还表现为休闲度假市场客源的国内化趋势和度假地郊区化趋势。

休闲度假的主要客源来源于境外的长途度假者和国内的短途度假者。鉴于休闲度假旅游者在目的地选择上的习惯性,国外的长途休闲度假旅游者都已形成了自己较为稳定的度假地,而我国的度假地在资源特色上又不具备短时间把境外游客吸引过来的优势,所以我国的休闲度假产品还应定位在国内市场。

## 三、休闲旅游产品

从目前发达国家休闲旅游的主要场所来看,休闲旅游资源主要包括以下几种类型。

### (一)自然类休闲产品

这类时尚生态休闲方式已逐渐由欧美、非洲等地流行到国内生态环境比较好的山水类景区。其中,森林氧吧追求"原汁原味、返璞归真"的生态休闲理念,以森林、清泉、山石、溪涧、瀑布为基点,以高含量的对人体健康极为有益的森林空气负氧离子和植物精气等生态因子为特色,辅以各类简约、朴素且与环境格调相一致的游憩设施,将运动健身、休闲旅游与自然山水巧妙融合,强调人与自然的和谐。生态书吧、酒吧是在自然山水间读书、品酒,追求一种自然山水间的静态休闲。树屋生存以树屋、森林木屋为主的生态住宿方式,也是一种以生态环境为基础的生态休闲类产品。

### (二)文化类休闲产品

文化休闲设施主要是指能满足人们了解历史、自然和科学,增长知识,获得美的艺术享受等精神生活需求的场所和设施。通过它们可达到陶冶情操,提高人们文化消费品位的效果。文化休闲设施主要包括各种博物馆、展览馆、图书馆、书城、文化艺术宫、美术馆、影剧院以及大型影视拍摄基地等。

另外,主题公园也是人们进行休闲活动的主要场所。主题公园是为了突出某个主题而制造的人造景观,它依靠当地的自然地理环境条件,采用现代科学技术,将自然风光、人文景观、民族风情以及文化艺术等各种可以突出主题的事物融汇在一起,以满足旅游者和当地居民休闲、娱乐、观光等需求。

### (三)餐饮类休闲产品

人们来到餐饮类休闲场所的目的不仅在于果腹,而是必须与文化理念融合在一起。休闲文化的兴起,也在一定程度上带动了餐饮产业的快速崛起。从欧洲中世纪的那不勒斯宫廷的酒会、舞会、社交活动,到18世纪以来文化启蒙运动中的各种沙龙、酒吧、咖啡屋、下午茶等,不仅满足了人们的消遣需要,促进了休闲经济的发展,而且对提升国民修养、激发国民创造灵感都发挥了重要的作用。其中被不少学者引用的典型例子是英国剑桥大学保持了几个世纪的"下午茶"。这种由校方出资、安排,让教授们在安逸的氛围中一块吃点心、喝茶、聊天的形式，表面看来是"漫不经心"，却常常在宁静中看得高远，在漫谈中"茅塞顿开"，堪称该校的"神来之笔"。难怪亚历克·布罗厄斯校长不无骄傲地说："瞧，下午茶我们就喝出了六十多位诺贝尔奖获得者。"与此相对应，更具普遍意义的是法国巴黎左岸——诗歌、哲学、艺术、新思想的发源地，著名的蒙巴纳斯地区的"圆顶"咖啡馆是思想家们、艺术家们云集的地方。存在主义大师萨特和他的女友西蒙娜·德·波伏娃当年几乎天天来到这里。许多大师的著作都是在这里获得了灵感和创造的激情。因此，有人说，左岸的故事肯定发生在群贤毕至、少长咸集的咖啡馆里。法国人有一句口头禅："我不是在咖啡馆里，就是在去咖啡馆的路上。"可见，咖啡馆在法国人的思想创造过程中是多么的重要。

另外，还有山水酒吧，山水酒吧是把城市内时尚的酒吧消费带入乡村自然山水中的一种休闲方式，也是发展最快的山水休闲生活方式。

### (四)娱乐类休闲产品

休闲娱乐设施主要是指能够让人们以轻松愉快的方式参与，从而放松精神，调节身心，寻找自我达到精神满足的环境设施。例如亲水主题的运动乐园是水休闲游乐中最重要的休闲方式，是比较受青少年青睐的休闲方式。

### (五)健身康体类休闲产品

健身康体设施主要是指通过人们的积极参与，从而达到锻炼身体、增强体质、放松精神、陶冶情操等目的的场所和设施。

漂流这几年发展较快，是当今市场较受追捧的休闲方式。温泉已经成为休闲产业和休闲活动中的龙头，并带动区域休闲活动全面发展。山泉即山泉洗浴，我们称之为冷泉洗浴模式，是既具灵气又聚人气的山水休闲方式。沙漠中的滑沙、山坡上的滑草和主题公园中的急速滑道都是极富刺激性和娱乐性的郊野运动休闲方式。野外定向越野和大型机械游乐也是郊野运动休闲中的主要休闲方式，其中野外定向越野尤其受到学生的喜爱。匹克博和镭战等野战游戏是青年人比较热爱的郊野运动休闲方式，也是企业团队比较追捧的游乐项目。

### (六)购物类休闲产品

购物旅游地是指以良好的购物环境，优质的服务功能，丰富的商品类型，浓郁的文化和购物氛围，满足人们购物观光等需求的地方。商业街是城市的名片，通过构建和发展具有文化内涵特征、地域风情的商业街，让外来者和本地居民能够直接体验城市的魅力和风情。

作为有特色的商业街，首先要有主流店，其次要有特色店，最好要有名店。所谓主流店就是规模大的店；特色店是指过去名气也许不响，但经过一定时期的发展，形成了自己的特色，在商业市场脱颖而出；名店就是影响力很大的店。作为特色商业街，至少要占据三大要素中的一个，占据的要素越多，商业街就越有名，越有特色。有很多有规模、有影响力、有特色的店才能支撑成一条名街。在特色店和名店支撑的基础之上，对商业街进行市场细分和定位，应该根据不同的消费者和文化倾向来考虑。

商业休闲步行街区，是城市休闲中最普遍的集约化形式，也是旅游与房地产结合中最具备操作性的项目。休闲和商业一样，经历了"小型—中型—大型—超大型—街区集聚型"

的发展过程,并出现了多种形态的多样化发展。但是,集约化的发展趋势(大型+扎堆的发展)成为最主要的趋势。北京的王府井、上海南京路、成都春熙路等步行商业街区是最典型的集约化商业休闲区;北京什刹海、三里屯,上海新天地,成都锦里等是纯休闲街区;北京金源Mall、广州华南Mall是休闲商业超级商业场所。这些大型、超大型休闲主题街区的开发,使休闲集约化达到了相当的程度,使区域土地开发和大型商业房地产开发可以有效地实施。

休闲场所是完成休闲功能的经营场所,商业场所是完成购物交易的经营场所。这两者,本来有不同的经营模式和功能目标。随着小康社会的到来,购物和逛街成为人们最大的休闲生活,商业场所休闲化成为一种趋势,成为商业交易功能成功完成的最必需的补充,甚至成为商业交易的前提。以购买实体货物为目的的商业经营场所,逐步发展成为以购买实体货物与购买多样性服务相结合的混合经营场所,产生了以休闲性购买为特色的场所,以旅游纪念品购买为特色的场所,以休闲餐饮、休闲娱乐、休闲康体等为主题的大型商业化街区。这就是商业与休闲的现代整合。其中,步行街区、滨水休闲区、餐饮街区、娱乐街区、古文化古建街区、Shopping Mall等,已经成为城市休闲餐饮娱乐及购物的主力消费场所。

知识拓展 7-2

## 第四节　旅游电子商务

### 一、旅游电子商务概念的界定

一般认为,互联网的产生促成了旅游电子商务的产生,事实上,在20世纪六七十年代航空公司和旅游饭店集团基于增值网络和电子数据交换技术构建的计算机预订系统可视为旅游电子商务的雏形。旅游电子商务的概念始于20世纪90年代,最初是瑞佛·卡兰克塔(Ravi Kala Kota)提出的,由约翰·海格尔(John Hagel)进一步发展。尽管各国研究这一领域的文献数量可观,却很少有对"旅游电子商务"这一概念做出充分解释的,目前学术界对它也还没有一个完整统一的定义。

在国际上沿用较广的是世界旅游组织对旅游电子商务的定义,它在其出版物《E-Business for Tourism》中指出:"旅游电子商务就是通过先进的信息技术手段改进旅游机构内部和对外的连通性(connectivity),即改进旅游企业之间、旅游企业与供应商之间、旅游企业与旅游者之间的交流与交易,改进企业内部流程,增进知识共享。"这一定义概括了旅游电子商务的应用领域,侧重的是对其功效的描述,但并未凸显旅游电子商务自身的特征。

国内的研究文献中,王欣、陈禹、杨春宇等都对旅游电子商务有过不同的定义。最近两三年中,唐超将旅游电子商务定义为"在全球范围内通过各种现代信息技术尤其是信息化网络所进行并完成的各种旅游相关的商务活动、交易活动、金融活动和综合服务活动"。刘四青对旅游电子商务的定义是"买卖双方通过网络订单的方式进行网络和电子的服务产品交易,是一种没有物流配送的预约型电子商务"。刘笑诵给出的定义则是:"旅游电子商务则是指同旅游业相关的各行业,以网络为主体,以旅游信息库为基础,利用最先进的电子手段,开展旅游产品信息服务、产品交易等旅游商务活动的一种新型的旅游运营方式"。

旅游电子商务是指通过先进的网络信息技术手段实现旅游商务活动各环节的电子化,包括通过网络发布、交流旅游基本信息和商务信息,以电子手段进行旅游宣传营销、开展旅游售前售后服务；通过网络查询、预订旅游产品并进行支付；也包括旅游企业内部流程的电子化及管理信息系统的应用等。

## 二、旅游电子商务的内涵

首先，从技术基础角度来看，旅游电子商务是采用数字化电子方式进行旅游信息数据交换和开展旅游商务活动。如果将"现代信息技术"看成一个集合，"旅游商务活动"看成另一个集合，"旅游电子商务"无疑是这两个集合的交集，是现代信息技术与旅游商务过程的结合，是旅游商务流程的信息化和电子化。旅游电子商务开始于互联网诞生之前的 EDI 时代，并随着互联网的普及而飞速发展。近年来，移动网络、多媒体终端、语音电子商务等新技术的发展不断丰富和扩展着旅游电子商务的形式和应用领域。

其次，从应用层次来看，旅游电子商务可分为以下三个层次。

一是面向市场，以市场活动为中心，包括促成旅游交易实现的各种商业行为(网上发布旅游信息、网上公关促销、旅游市场调研)和实现旅游交易的电子贸易活动(网上旅游企业洽谈、售前咨询、网上旅游交易、网上支付、售后服务等)。

二是利用网络重组和整合旅游企业内部的经营管理活动，实现旅游企业内部电子商务，包括旅游企业建设内联网，利用饭店客户管理系统、旅行社业务管理系统、客户关系管理系统和财务管理系统等实现旅游企业内部管理信息化。

三是旅游经济活动能基于互联网开展还需要环境的支持，包括旅游电子商务的通行规范，旅游行业管理机构对旅游电子商务活动的引导、协调和管理，旅游电子商务的支付与安全环境等。

第三个层次是第一个层次和第二个层次的支撑环境。只有三个层次的电子商务协同发展，才可能拥有旅游电子商务发展的良性循环。发展到成熟阶段的旅游电子商务，是旅游企业外部和内部电子商务的无缝对接，它将极大地提高旅游业运作效率。

最后，旅游电子商务与旅游电子政务各有侧重又相互关联，并构成旅游业信息化的主要内涵。旅游电子商务旨在利用现代信息技术手段宣传促销旅游目的地、旅游企业和旅游产品，加强旅游市场主体间的信息交流与沟通，整合旅游信息资源，提高市场运行效率，提高旅游服务水平。旅游电子政务旨在建立旅游管理业务网络，建立一个旅游系统内部信息上传下达的渠道和功能完善的业务管理平台，实现各项旅游管理业务处理的自动化。旅游电子政务的主要功能包括：旅游行业统计，即旅游统计数据的收集、上报、汇总、发布、查询、分析；旅游行业管理，如出国游实时监控、旅游企业年检管理、旅游质量监督管理、安全管理；旅游信息管理，如行业动态监测、假日旅游预报预警等。

旅游管理的网络化和电子化，把旅游管理部门从烦琐的手工程序中解脱出来，实现以更少的人力更方便地监督管理旅游企业，规范和治理旅游市场，提高效率。旅游电子商务与旅游电子政务之间的关联：①市场需要管理，即旅游电子政务应当包括对旅游电子商务活动的引导、规范和管理，发展中的旅游电子商务实践为旅游电子政务提出了新的课题；②业务的互利，即旅游商务的电子化使市场信息更为通达透明，为旅游管理部门对旅游市场信息的提取、统计提供了方便，旅游电子商务的发展促进了信息技术在旅游企业中的普及，为旅游电子政务创造了技术基础环境；③平台的共用，如一些政府性的旅游网同时是旅游电子政务平台和沟通旅游管理机构与旅游企业的业务管理网，在这里，旅游管理机构可发布政策法规及公告，旅游者可了解旅游信息并预订旅游产品，同时还处理旅游投诉等涉及旅游管理部门、旅游企业和旅游者三方的事务。总之，旅游电子商务和旅游电子政务的协同发展，正推动着旅游业这一信息密集型和信息依托型产业全面进入信息化时代。

## 三、旅游电子商务的类型

旅游电子商务按照不同的标准，有多种分类方法。这里重点介绍按照旅游电子商务的交易类型和按照实现旅游电子商务使用的终端类型两种标准的分类。

### (一)旅游电子商务按交易形式的类型划分

#### 1. B2B 交易模式

在旅游电子商务中，B2B 交易模式主要包括以下几种情况。

- 旅游企业之间的产品代理，如旅行社代订机票与饭店客房，旅游代理商代售旅游批发商组织的旅游线路产品。
- 组团社之间相互拼团。也就是当两家或多家组团旅行社经营同一条旅游线路，并且出团时间相近，而每家旅行社只拉到为数较少的客人，这时，旅行社征得游客同意后可将客源合并，交给其中一家旅行社操作，以实现规模运作的成本降低。
- 旅游地接社批量订购当地旅游饭店客房、景区门票。
- 客源地组团社与目的地地接社之间的委托、支付关系，等等。

旅游业是一个由众多子行业构成、需要各子行业协调配合的综合性产业，食、住、行、游、购、娱在各类旅游企业之间存在复杂的代理、交易、合作关系，旅游 B2B 电子商务有很大的发展空间。

旅游企业间的电子商务又分为以下两种形式。

(1) 非特定企业间的电子商务。它是在开放的网络中对每笔交易寻找最佳的合作伙伴。一些专业旅游网站的同业交易平台就提供了各类旅游企业之间查询、报价、询价直至交易的虚拟市场空间。

(2) 特定企业之间的电子商务。它是在过去一直有交易关系或者今后一定要继续进行交易的旅游企业之间，为了共同经济利益，共同进行设计、开发或全面进行市场和存量管理的信息网络，企业与交易伙伴间建立信息数据共享、信息交换和单证传输。如航空公司的计算机预订系统(CRS)就是一个旅游业内的机票分销系统，它连接航空公司与机票代理商(如航空售票处、旅行社、旅游饭店等)。机票代理商的服务器与航空公司的服务器是在线实时连接在一起的，当机票的优惠和折扣信息有变化时会实时地反映到代理商的数据库中。机票代理商每售出一张机票，航空公司数据库中的机票存量就会发生变化。B2B 电子商务的实现大大提高了旅游企业间的信息共享和对接运作效率，提高了整个旅游业的运作效率。

#### 2. B2E 交易模式

此处，B2E(Business to Enterprise)中的 E，是指旅游企业与之有频繁业务联系，或为之提供商务旅行管理服务的非旅游类企业、机构、机关。大型企业经常需要处理大量的公务出差、会议展览、奖励旅游事务。它们常会选择和专业的旅行社合作，由旅行社提供专业的商务旅行预算和旅行方案咨询，开展商务旅行全程代理，从而节省时间和财务的成本。

另一些企业则与特定机票代理商、旅游饭店保持比较固定的业务关系,由此享受优惠价格。

旅游 B2E 电子商务较先进的解决方案是企业商务旅行管理系统(Travel Management System, TMS)。它是一种安装在企业客户端的具有网络功能的应用软件系统,通过网络与旅行社电子商务系统相连。在客户端,企业差旅负责人可将企业特殊的出差政策、出差时间和目的地、结算方式、服务要求等输入 TMS,系统将这些要求传送到旅行社。旅行社通过计算机自动匹配或人工操作为企业客户设计最优的出差行程方案,并为企业预订机票及酒店,并将预订结果反馈给企业客户。通过 TMS 与旅行社建立长期业务关系的企业客户能享受到旅行社提供的便利服务和众多优惠,节省差旅成本。同时,TMS 还提供统计报表功能。用户企业的管理人员可以通过系统实时获得整个公司全面详细的出差费用报告,并可进行相应的财务分析,从而有效地控制成本,加强管理。

### 3. B2C 交易模式

B2C 旅游电子商务交易模式,也就是电子旅游零售。交易时,旅游散客先通过网络获取旅游目的地信息,然后在网上自主设计旅游活动日程表,预订旅游饭店客房、车船机票等,或报名参加旅行团。对旅游业这样一个旅客高度地域分散的行业来说,旅游 B2C 电子商务方便旅游者远程搜寻、预订旅游产品,克服距离带来的信息不对称。通过旅游电子商务网站订房、订票,是当今世界应用最为广泛的电子商务形式之一。另外,旅游 B2C 电子商务还包括旅游企业对旅游者拍卖旅游产品,由旅游电子商务网站提供中介服务等。

### 4. C2B 交易模式

C2B 交易模式是由旅游者提出需求,然后由企业通过竞争满足旅游者的需求,或者是由旅游者通过网络结成群体与旅游企业讨价还价。

旅游 C2B 电子商务主要通过电子中间商(专业旅游网站、门户网站旅游频道)进行。这类电子中间商提供一个虚拟开放的网上中介市场,提供一个信息交互的平台。上网的旅游者可以直接发布需求信息,旅游企业查询后双方通过交流自愿达成交易。

旅游 C2B 电子商务主要有两种形式。第一种形式是反向拍卖,是竞价拍卖的反向过程。由旅游者提供一个价格范围,求购某一旅游服务产品,由旅游企业出价,出价可以是公开的或是隐蔽的,旅游者将选择质价合适的旅游产品成交。这种形式,对于旅游企业来说吸引力不是很大,因为单个旅游者预订量较小。第二种形式是网上成团,即旅游者提出他设计的旅游线路,并在网上发布,吸引其他相同兴趣的旅游者。通过网络信息平台,愿意按同一条线路出行的旅游者会聚到一定数量,这时,再请旅行社安排行程,或直接预订饭店客房等旅游产品,可增强与旅游企业议价的能力。

旅游 C2B 电子商务利用了信息技术带来的信息沟通面广和成本低廉的特点,特别是网上成团的运作模式,使传统条件下难以兼得的个性旅游需求满足与规模化组团降低成本有了很好的结合点。旅游 C2B 电子商务是一种需求方主导型的交易模式,它体现了旅游者在市场交易中的主体地位,对帮助旅游企业更加准确和及时地了解客户的需求,对实现旅游业向产品丰富和个性满足的方向发展起到了促进作用。

### (二)旅游电子商务按信息终端的类型划分

旅游电子商务的网络信息系统中必须具备一些有交互功能的信息终端,使信息资源表

## 第七章 其他旅游业态

现出来被人们利用，同时接受用户向电子商务体系反馈的信息。按信息终端形式划分的旅游电子商务包括网站电子商务(W-Commerce)、语音电子商务(V-Commerce)、移动电子商务(Mobile-Commerce)和多媒体电子商务(Multimedia-Commerce)。

### 1. 网站电子商务

用户通过与网络相连的个人计算机访问网站实现电子商务，是目前最通用的一种形式。Internet 是一个全球性媒体。它是宣传旅行和旅游产品的一个理想媒介，集合了宣传册的鲜艳色彩、多媒体技术的动态效果、实时更新的信息效率和检索查询的交互功能。它的平均成本和边际成本极为低廉。一个网站，无论是一万人还是一千人访问，其制作和维护的成本都是一样的。目的地营销组织在运用其他手段进行营销时，预算会随着地理覆盖范围的增加而增加。而互联网与地理因素毫无关系，在全球宣传、销售的成本与在本地销售的成本并无差别。互联网用户以年轻、高收入人群居多，是有潜力的旅游市场。

我国旅游网站的建设最早可以追溯到 1996 年。经过几年的摸索和积累，国内已经有相当一批具有一定资讯服务实力的旅游网站，这些网站可以提供比较全面的、涉及旅游中食、住、行、游、购、娱等方面的网上资讯服务。按照不同的侧重点这些网站可以分为以下六种类型。

(1) 由旅游产品(服务)的直接供应商所建。如北京昆仑饭店、上海青年会宾馆、上海龙柏饭店等所建的网站就属于此类型。

(2) 由旅游中介服务提供商，又叫作在线预订服务代理商所建。大致又可分为两类：一类由传统的旅行社所建，如云南丽江南方之旅(www.lijiansouth.com)、休闲中华(www.leisurechina.com)分别由丽江南方旅行社有限责任公司和广东省口岸旅行社推出；另一类是综合性旅游网站，如中国旅游资讯网(www.chinaholiday.com)、上海携程旅行(www.ctrip.com)等，它们一般有风险投资背景，将以其良好的个性服务和强大的交互功能抢占网上旅游市场份额。

(3) 地方性旅游网站。如金陵旅游专线(www.jltourism.com)、广西华光旅游网(www.gxbcts.com)等，它们以本地风光或本地旅游商务为主要内容。

(4) 政府背景类网站。如航空信息中心下属的以机票预订为主要服务内容的信天游网站(www.travelsky.com)，它依托于 GDS(Global Distribution System)。

(5) 旅游信息网站。它们为消费者提供大量丰富的、专业性旅游信息资源，有时也提供少量的旅游预订中介服务。如中华旅游报价(www.china-traveller.com)、网上旅游(www.travelcn.com)等。

(6) 在 ICP 门户网站中，几乎所有的网站都不同程度地涉及了旅游内容，如新浪网生活空间的旅游频道、搜狐和网易的旅游栏目、中华网的旅游网站等，显示出网上旅游的巨大生命力和市场空间。

从服务功能看，旅游网站的服务功能可以概括为以下三类。

(1) 旅游信息的汇集、传播、检索和导航。这些信息内容一般都涉及景点、饭店、交通旅游线路等方面的介绍，旅游常识，旅游注意事项，旅游新闻，货币兑换，旅游目的地天气、环境、人文等信息以及旅游观感等。

(2) 旅游产品(服务)的在线销售。网站提供旅游及其相关的产品(服务)的各种优惠、折扣，航空、饭店、游船、汽车租赁服务的检索和预订等。

(3) 个性化定制服务。从网上订车票、预订酒店、查阅电子地图到完全依靠网站的指导在陌生的环境中观光、购物。这种以自订行程、自助价格为主要特征的网络旅游在不久的将来会成为国人旅游的主导方式。那么提供个性化定制服务已成为旅游网站，特别是在线预订服务网站必备的功能。

### 2. 语音电子商务

语音电子商务，是指人们可以利用声音识别和语音合成软件，通过任何固定或移动电话来获取信息和进行交易。这种方式速度快，而且还能使电话用户享受互联网的低廉费用服务。对旅游企业或服务网站而言，语音电子商务将使电话中心实现自动化，降低成本，改善客户服务。

语音电子商务的一种模式是由企业建立单一的应用程序和数据库，用于作为现有的交互式语音应答系统的延伸，这种应用程序和数据库可以通过网站传送至浏览器，转送到采用无线应用协议(WAP)的小屏幕装置，也可以利用声音识别及合成技术，由语音来转送。语音电子商务的另一种模式是利用 VoiceXML 进行网上冲浪。VoiceXML 是一种新的把网页转变成语音的技术协议，该协议目前正由美国电话电报、IBM、朗讯和摩托罗拉等公司进行构思。专家断言："虽然语音技术尚未完全准备好，但它将是下一次革命的内容。"

### 3. 移动电子商务

移动电子商务，是指利用移动通信网和互联网的有机结合来进行的一种电子商务活动。网站电子商务以个人计算机为主要界面，是"有线的电子商务"；而移动电子商务，则是通过手机、PDA(个人数字助理)这些可以装在口袋里的终端来完成商务活动的，其功能将集金融交易、安全服务、购物、招投标、拍卖、娱乐和信息等多种服务功能于一体。随着移动通信、数据通信和互联网技术的发展，三者的融合也越来越紧密。2003 年全球移动电话用户已经超过 10 亿，其中 60%的客户有能力使用无线互联网服务。

旅游者是流动的，移动电子商务在旅游业中将会有广泛的应用。

知识拓展 7-3

### 4. 多媒体电子商务

多媒体电子商务一般由网络中心、呼叫处理中心、营运中心和多媒体终端组成，它将遍布全城的多媒体终端通过高速数据通道与网络信息中心和呼叫处理中心相接，通过具备声音、图像、文字功能的电子触摸屏计算机、票据打印机、POS 机、电话机以及网络通信模块等，向范围广泛的用户群提供动态、24 小时不间断的多种商业和公众信息，可以通过 POS 机实现基于现有金融网络的电子交易，可以提供交易后票据打印工作，还可以连接自动售货机、大型广告显示屏等。

为旅游服务的多媒体电子商务，一般在火车站、飞机场、饭店大厅、大型商场(购物中心)、重要的景区景点、旅游咨询中心等场所配置多媒体触摸屏计算机系统，根据不同场合咨询对象的需求来组织和定制应用系统。它以多媒体的信息方式，通过采用图像与声音等简单而人性化的界面，生动地向旅游者提供范围广泛的旅游公共信息和商业信息，包括城市旅游景区介绍、旅游设施和服务查询、电子地图、交通查询、天气预报等。有些多媒体电子商务终端还具有出售机票、车票、门票的功能，旅游者可通过信用卡、储值卡、IC 卡、借记卡等进行支付，得到打印输出的票据。

## 本章小结

　　旅游娱乐是指旅游者在旅游过程中，寻找精神愉悦、身体放松、内心满足和个性发展的旅游活动，以及旅游目的地融合这些需求的服务供给产业。休闲旅游是指以休闲旅游资源为依托，以旅游设施为条件，以休闲为主要目的，以特定的文化景观和服务项目为内容，离开定居地而到异地逗留一定时期的游憩、娱乐和休息活动。休闲旅游与其他旅游，尤其是观光旅游的不同之处在于一个"闲"字，它是旅游者有了较多的闲暇时间和可自由支配的经济收入，旅游地有了相当先进的服务设施条件下而逐渐形成的，是旅游高度发展的产物。旅游电子商务就是通过先进的信息技术手段改进旅游机构内部和对外的连通性(Connectivity)，即改进旅游企业之间、旅游企业与供应商之间、旅游企业与旅游者之间的交流与交易，改进企业内部流程，增进知识共享。旅游电子商务按交易形式的类型可划分为B2B 交易模式、B2E 交易模式、B2C 交易模式和 C2B 交易模式。

## 课后练习

1. 旅游娱乐的概念是什么？
2. 旅游娱乐主要包括哪些类型？
3. 休闲旅游产品的类型包括哪些？
4. 旅游电子商务的概念是什么？
5. 旅游电子商务有哪些主要的类型？

# 旅游组织篇

- 第八章 认识旅游组织

# 第八章

## 认识旅游组织

**【学习目标】**

通过本章的学习，要求学生了解旅游组织的基本含义；理解旅游组织的类型划分及主要职能；掌握国际旅游组织，例如世界旅游组织等；掌握我国旅游组织情况。

**【关键词】**

国际旅游组织　中国旅游组织

旅游学基础

> **案例导入**

联合国世界旅游组织第 23 届全体大会召开

2019 年 9 月 10 日至 12 日,联合国世界旅游组织(英文简称 UN-WTO)第 23 届全体大会在俄罗斯圣彼得堡召开,来自 124 个国家和地区的 1000 余名代表出席会议。中国文化和旅游部副部长张旭率团参加。

本届大会聚焦旅游业对 2030 年可持续发展议程的积极贡献,以及旅游业与教育、就业、气候变化、创新发展等多领域合作。大会审议了 UN-WTO 相关项目、预算及人力资源报告,审议通过《旅游道德框架公约》所有 UN-WTO 官方语言文本,选举世界旅游道德委员会成员,审议通过新一届 UN-WTO 执行委员会成员提名名单。中国成功连任 2019—2023 年 UN-WTO 执行委员会成员。

张旭在会上积极宣介中国旅游业最新情况和中国推进文旅深度融合取得的阶段性成果,并表示中国愿继续深化与 UN-WTO 及各成员国间旅游合作,积极参与全球旅游治理体系改革和建设,分享中国旅游业发展机遇,贡献中国智慧和方案。

(资料来源: http://www.ctnews.com.cn/art/2019/9/13/art_113_51116.html,有整理)

**辩证性思考**
1. 世界旅游组织是一个什么样的组织?
2. 目前国际上有哪些主要的组织结构?

# 第一节 旅游组织概述

## 一、旅游组织的基本含义

### (一)组织的一般概念

组织,是指为了达到既定目标而形成的具有一定纲领、一定结构层次的正式关系的人群集合体,如企业、学校、军队、政府部门和社会团体等。对于任何组织,其内涵主要包括三个方面:一是具有明确的组织目标;二是按目标需要确定的机构形式,成员之间有明确的分工与协作;三是形成不同的权力和责任制度。

组织性质是由组织本身所决定的,或者说是由组织的构成要素所决定的,组织性质同时也反映了组织的构成要素,可以通过了解组织性质来确认组织的构成要素。从认识过程来说,也是先了解组织的外在性质,才能进一步去研究组织的内在构成要素。在系统科学研究中,人们从不同方面描述系统的基本特征,目的性、整体性和开放性是系统组成最普遍、最本质的特征。组织也是系统,任何一种组织都具有目的性、整体性和开放性这三个基本特征。

### (二)旅游组织的特殊内涵

旅游组织是为了促进旅游发展而由一定成员组成的独立的人群集合体。其特征表现为:

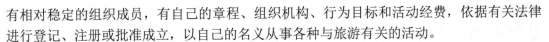

## 第八章 认识旅游组织

有相对稳定的组织成员，有自己的章程、组织机构、行为目标和活动经费，依据有关法律进行登记、注册或批准成立，以自己的名义从事各种与旅游有关的活动。

旅游组织有广义和狭义之分。广义的旅游组织通常包括：旅游行政组织，如中华人民共和国文化和旅游部；旅游行业组织，如中国旅游协会(CTA)；旅游民间组织，如世界旅行社协会联合会(UFTAA)；旅游教育组织，如桂林旅游学院；旅游科学研究组织，如国际旅游科学专家联合会(IASET)；旅游出版组织，如中国旅游出版社(CTTP)；旅游经营组织，如各类旅游企业和个体旅游经营户等。狭义的旅游组织一般指旅游行政组织、旅游行业组织和旅游民间组织。以下主要介绍旅游行政组织和旅游行业组织。

## 二、旅游组织的类型

### (一)旅游行政组织

旅游行政组织是专门负责旅游业的宏观调控行业立法及监督检查，制定行业技术标准，指导旅游资源开发利用，进行旅游市场整体促销，加强旅游服务管理，维护旅游者合法权益等工作，具有宏观性、战略性和政策性的官方旅游管理机构。

目前，世界上多数国家为了加强对旅游业的干预和管理，设立了全国性旅游行政组织。但是，由于各国政治经济制度、旅游发展水平、政府产业政策以及旅游业地位等不同，国家旅游行政组织的设立形式、权力分配和社会地位也存在差异。纵观世界各国情况，国家旅游行政组织的设立形式大致可以分为以下三类。

第一类：由国家政府直接设立，并作为政府一个职能部门的官方机构。以这类形式设立的国家旅游行政组织，又可以分为四种情形：一是由国家政府设立完整而独立的旅游部，如菲律宾、墨西哥和印度等国；二是与其他部门成立一个混合部，如马来西亚的文化旅游部，西班牙的交通、旅游和通信委员会，肯尼亚的旅游与野生动物委员会等；三是在政府某部下设旅游局，如日本交通运输部下设国际观光局、新加坡工商部下设旅游促进局、比利时文化部下设旅游局等；四是国家政府单独设立直属的旅游局，如泰国、朝鲜等。

第二类：得到国家政府承认，代表政府执行全国性旅游事务的半官方组织。该类机构的负责人由政府有关部门任命，政府资助其全部或部分经费，但它们拥有法人地位，在行政和财政上获得独立。如英国、挪威等就属于这种类型的旅游行政组织。

第三类：获得国家政府承认，代表政府行使旅游行政管理职能的民间组织。这种民间组织多为影响力较大的全国性旅游协会，经政府同意代行旅游行政管理职能后，通常会受到政府财政资助，但它的负责人不是由官方直接任命，而是在协会成员中选举产生。这类组织对外代表官方旅游组织，对内代表旅游行业利益，如德国等旅游行业协会属于此种类型。

### (二)旅游行业组织

在旅游业发展过程中，以加强行业合作、提高行业声誉、促进行业发展为目的而形成的各类旅游组织，都可称为旅游行业组织。旅游行业组织形式不一，性质也不尽相同。

按照服务或管理的地域范围大小，可分为全球性、区域性、全国性、地方性等旅游行业组织；按照发起人与成员身份的关系，可分为官方旅游行业组织和非官方旅游行业组织；

按照运行模式可分为营利性旅游行业组织和非营利性旅游行业组织；按照业务职能可分为政治与经济性、科学与技术性、业务与行业性等旅游行业组织(见表8-1)。

表8-1 旅游行业组织类型划分

| 划分标准 | 主要类型 | 应用举例 |
| --- | --- | --- |
| 服务或管理的地域范围大小 | 全球性旅游行业组织 | 联合国世界旅游组织(UN-WTO) |
| | 区域性旅游行业组织 | 太平洋亚洲旅行协会(PATA) |
| | 全国性旅游行业组织 | 中国旅游协会(CTA) |
| | 地方性旅游行业组织 | 海南省旅游协会(HNTA) |
| 发起人与成员身份的关系 | 官方旅游行业组织 | 联合国世界旅游组织(UN-WTO) |
| | 非官方旅游行业组织 | 国际旅游学会(ITA) |
| 运行模式 | 营利性旅游行业组织 | 世界旅行与旅游理事会(WTTC) |
| | 非营利性旅游行业组织 | 国际旅游科学院(IAST) |
| 业务职能 | 政治与经济性旅游行业组织 | 欧洲旅游委员会(ETC) |
| | 科学与技术性旅游行业组织 | 国际旅游科学专家联合会(IASET) |
| | 业务与行业性旅游行业组织 | 世界旅行社协会联合会(UFTAA) |

## 三、旅游组织的主要职能

由于旅游组织的性质不同，其职能表现也各不相同。

### (一)旅游行政组织的主要职能

旅游行政组织的形式和地位不尽相同，权限有大有小，但它们作为旅游业发展的管理机构，一般具有以下职能。

(1) 制定旅游业发展的战略规划和方针政策，并在实施过程中进行综合平衡和宏观调控。

(2) 培育和完善旅游市场，推动旅游业体制改革。

(3) 制定旅游业各项行政法规行业规范并监督实施。

(4) 促进和引导旅游行业的各项投入，推动旅游产业增长。

(5) 进行国际旅游市场的促销和开拓，管理出入境旅游业务。

(6) 对旅游企事业单位进行行业管理，依法进行监督检查。

(7) 指导和管理旅游教育和培训工作，制定并实施旅游从业人员的职业资格制度和等级制度。

(8) 负责旅游资源的普查和规划，协调旅游资源的开发利用和保护工作，组织并指导旅游产品开发。

(9) 负责旅游统计工作，为旅游业发展提供信息服务。

(10) 完成政府赋予的其他使命。

### (二)旅游行业组织的主要职能

总体来说，旅游行业组织的职能体现在管理和服务两个方面，但其管理职能不同于旅游行政组织。旅游行业组织的管理不具有行政指令性和法规性，其有效性完全取决于组织本身的权威性和凝聚力。具体而言，旅游行业组织的职能表现如下。

(1) 作为行业代表，与政府机构或其他行业组织协商有关事宜。

(2) 对行业经营管理和发展问题进行调查研究，并协调解决行业发展过程中出现的各种具体问题。

(3) 制定成员共同遵守的行业标准、经营守则及行规会约，并在行业成员之间提供技术指导。

(4) 协调和处理行业发展中的各种关系，搞好行业内的旅游产品开发和市场营销推广。

(5) 就行业发展现状、困难、对策及趋势等问题进行研讨。

(6) 组织召开专业研讨会，为行业成员提供培训和咨询服务。

(7) 加强成员间沟通，定期发布行业发展的统计分析资料。

(8) 交流信息和经验，阻止行业内部的不合理竞争。

## 第二节　国际旅游组织

### 一、世界主要国际旅游组织

#### (一)联合国世界旅游组织

联合国世界旅游组织(UN-WTO，下文简称为"世界旅游组织")，是全球唯一的政府间国际旅游组织。近年来，为了避免与世界贸易组织(WTO)相混淆，在一些国际文献中，人们开始将"UN-WTO"用作"世界旅游组织"的英文简称，意指作为联合国特别代理机构的世界旅游组织。

世界旅游组织的宗旨是促进和发展旅游，推动经济发展，促进世界和平，增进国际理解。负责收集和分析各类旅游发展数据，定期向成员国提供统计资料和研究报告，起草国际性旅游公约、宣言、规则、范本等。因此，世界旅游组织的主要职能是研究制定各种政策和规定使旅游业在各政府及国际贸易中发挥应有作用。

世界旅游组织最早由1925年在荷兰海牙成立的官方旅游宣传组织国际联盟(IU-OTPO)发展而来。当时虽然名义上为官方机构，但实际只是个民间协会。1947年更名为国际官方旅游组织联盟(IUWTO)，旨在促进旅游发展，推动各国经济、社会和文化繁荣，但仍然为非政府组织。1969年联合国大会批准将国际官方旅游组织联盟改为政府间组织，并于1970年墨西哥特别代表大会上，通过了世界旅游组织章程。1975年，世界旅游组织正式宣告成立，成为全球性的政府间国际旅游组织，总部设在马德里。

世界旅游组织的成员分为正式成员(主权国家政府旅游部门)、联系成员(无外交实权的领地)和附属成员(直接从事旅游业或与旅游业有关的组织、企业和机构)。联系成员和附属成员对UN-WTO事务无决策权。世界旅游组织的机构设置主要包括全体大会、地区委员会、执行委员会和秘书处。1983年10月5日，世界旅游组织接纳中国为正式成员国，成为它的第106个正式成员。2015年，世界旅游组织有正式成员156个，联系会员6个，附属会员400多个，其中与旅游业有关的社团组织较多，此外还有一些成员是商业性旅游企业和非商业性机构。世界旅游组织每两年召开一次大会。世界旅游组织成员按地区(非洲、美洲、东亚和太平洋、南亚、欧洲及中东)分为六个地区委员会。地区委员会每年召开一次会议，协调组织本地区的研讨会、工作项目及地区性事务和活动等。

### (二)太平洋亚洲旅游协会

太平洋亚洲旅游协会(PATA)，简称亚太旅游协会，于1952年在夏威夷檀香山成立，总部设在美国旧金山。该协会是地区性的非政府间国际组织，是具有广泛代表性和影响力的民间国际旅游组织。该协会的宗旨是：发展、促进和便利世界各国的旅游者到本地区的旅游以及本地区各国居民在本地区内的旅游。该协会受到亚太地区各国旅游业界的普遍重视。

该协会的成员范围较广，有国家旅游组织、各种旅游协会、旅游企业以及其他与旅游有关的组织团体。它不但包括亚太地区，而且包括如欧洲各重要客源国在内的政府旅游部门和空运、海运、路运部门，旅行社、饭店、餐饮等与旅游有关的企业。目前，该协会的会员遍布40多个国家和地区，包括2000多个来自不同国家和地区的旅游行业组织，近50多个国家航空公司、机场和邮轮公司，400多家住宿企业和600家旅行社企业，还有数千名旅游专业人士遍布世界的将近40个太平洋亚洲旅游协会分会。中国于1993年加入该协会。

太平洋亚洲旅游协会每年召开一次年会，主要目的是讨论和修订协会的工作和长期计划。协会设有四个常务委员会，即管理工作常委会、市场营销常委会、开发工作常委会和调研工作常委会。此外，协会还设有出版处，出版发行各种研究报告、旅游教科书、宣传材料、旅游指南以及多种期刊等，其中主要期刊为《太平洋旅游新闻》。

### (三)世界旅行社协会联合会

世界旅行社协会联合会(UFTAA)是全球最大的民间性国际旅游组织。世界旅行社协会联合会由1919年成立的欧洲旅行社组织和1964年成立的美洲旅行社组织，于1966年11月22日在罗马会议上合并而成，总部设在比利时的布鲁塞尔。自1974年以来，该联合会便一直同我国保持友好联系。1995年8月，中国旅游协会正式加入了该组织，成为该组织的正式成员。

20世纪70年代末，世界旅行社协会联合会共有76个国家参加，代表1.8万多家旅行社，50多万名职工。现有国家级会员102个，此外，另有许多国家的旅游企业、与旅游业有关的企业(如航空公司、游船公司、旅馆等)加入成为联系会员。

该组织的宗旨是：负责国际政府间或非政府间旅游团体的谈判事宜，代表并为旅游产业和旅行社的利益提供服务。

### (四)国际旅馆协会

国际旅馆协会(IHA)是旅馆和饭店业的国际性组织，于1947年在法国巴黎成立。

国际旅馆协会的宗旨是：联络各国旅馆协会，研究国际旅馆业和国际旅游者交往的有关问题，促进会员间的交流和技术合作，协调旅馆业和有关行业的关系，维护本行业的利益。

该协会的会员分为正式会员和联系会员，正式会员是世界各国的全国性的旅馆协会或类似组织，联系会员是各国旅馆业的其他组织旅馆院校、国际饭店集团、旅馆、饭店和个人。该协会现有正式会员80多个，联系会员4000多个。中国旅游饭店协会于1994年3月加入国际旅馆协会,成为该组织的正式会员。

### (五)国际民航组织(ICAO)

国际民航组织是国际性官方航空组织,是联合国一个专门机构。它成立于1947年4月,总部设在加拿大的蒙特利尔。2015年,国际民航组织共有191个成员国。我国于1974年2月15日正式加入该组织,并在同年的第21届国际民航组织会议上当选为理事国。

该组织的宗旨是:制定国际空中航行原则,发展国际空中航行技术,促进国际航行运输的发展,以保证国际民航的安全和增长;促进和平用途的航行器的设计和操作艺术;鼓励用于国际民航的航路航站和航行设备的发展;保证缔约各国的权利受到尊重和拥有国际航线的均等机会等。

国际民航组织由大会、理事会和秘书处三级框架组成。大会是国际民航组织的最高权力机构,一般情况每三年举行一次。理事会是向大会负责的常设机构,由大会选出的33个缔约国组成。秘书处是国际民航组织的常设行政机构,由秘书长负责保证国际民航组织各项工作的顺利进行,其主要刊物有《国际民航组织公报》。

## 二、其他国际旅游组织

### (一)国际旅游联盟

国际旅游联盟(AIT)是世界范围的旅游俱乐部和汽车协会的联合组织。该联盟于1898年在卢森堡成立,由欧美地区17家俱乐部发起,旨在为那些敢于去国外冒险的自行车和徒步旅游者提供伙食,是一个非营利和非官方的组织。当时名为国际旅游协会联盟,1919年5月30日在巴黎更为现名。

该联盟的宗旨是:维护这一世界性组织的成员在国际旅游与汽车驾驶方面的一切利益;鼓励发展各种形式的国际旅游、汽车旅游和特殊旅游;协调会员组织之间为其成员在国外旅行时所需的相互服务;研究、介绍和传播关于旅游和汽车的信息;参加有关的会议和加强与国际官方和非官方组织的联系;向会员们提出建议和提供帮助。

该联盟的会员分为正式会员和附属会员。1984年拥有135个会员组织,遍及世界86个国家。其中正式会员124个(拥有6300万名个人会员),附属会员11个,都是国家旅游组织,虽然并非独立的俱乐部,但都支持联盟的宗旨。该联盟下分四个地区:一区(欧洲、中东和非洲地区)、二区(亚洲和太平洋地区)、三区(北美洲地区)、四区(拉丁美洲地区)。该联盟的最高权力机构是全体大会,每年召开一次。总部设在日内瓦。该联盟出版发行《国际旅游联盟公报》。

### (二)国际铁路联盟

国际铁路联盟(UIC)于1922年12月1日成立,总部设在法国巴黎。该组织是以欧洲铁路为主体的非政府性国际铁路组织,简称"铁盟"。国际铁路联盟的宗旨是:统一和完善铁路运营条件和技术设备并使之标准化,保证铁路联运,协调各成员组织的铁路工作。

该联盟成员分为正式成员和准成员。凡是准轨和宽轨总长度在1000千米以上,办理旅客和货物运输的铁路,同意"铁盟"章程者,都可以申请加入。成员为各参加国(或地区)

的铁路组织,准成员为不经营铁路或经营某一市区或郊区铁路的运输业。到 1983 年,共有 39 个正式成员和 29 个准成员。该联盟出版发行《国际铁路》刊物。

### (三)国际航空运输协会

国际航空运输协会(IATA)成立于 1945 年,是以全世界国际航空公司为会员的国际性组织,总部设在加拿大的蒙特利尔。在全世界近 100 个国家设有办事处,280 家会员航空公司遍及全世界 180 多个国家和地区。

该协会宗旨是:为了世界人民的利益,促进安全、正常和经济的航空运输,扶植航空交通,并研究与此有关的问题;促进同国际民航组织(ICAO)和其他国际组织的协调合作。

该协会的主要工作是规范行业行为,提出客货运率、服务条款和安全标准等使全球的客运业务制度走向统一,确定国际航空运输标准价格和排定国际航线航空时刻表等。该协会在全球国际旅游业中有十分重大的影响和作用。其主要刊物有《国际航空运输协会评论》。

### (四)世界旅行社协会

世界旅行社协会(WATA)于 1949 年 5 月 5 日在瑞士成立,总部设在日内瓦。它是一个独立的旅行社集团,是世界性的非营利组织,其中,该协会成员中有半数以上是私营企业组织。该协会的宗旨是:推动旅游业的发展,收集和传播信息,参与有关发展旅游业的商业和财物工作。它现有会员 240 多个,分布在全球 100 多个国家和地区。该协会出版《世界旅行社协会万能钥匙》,每年一期,免费提供给旅行社。该刊是一份提供最新信息的综合性刊物,主要刊登会员社提供的各种服务项目的价目表,还刊登各国旅行社提供的国家概况和饭店介绍等。

## 第三节 中国旅游组织

### 一、旅游行政组织

我国旅游业实行的是政府主导型发展战略,各级旅游行政部门在负责管理旅游事务中扮演着重要角色。文化和旅游部作为国务院的职能部门,面向全行业统管全国旅游事业。各省自治区、直辖市根据自身旅游发展的需要设置旅游局或旅游发展委员会,经营管理本地的旅游工作。我国的旅游行政组织主要如下。

#### (一)文化和旅游部

文化和旅游部是我国最高的旅游行政主管机构,它对外代表我国的国家旅游组织,对内负责统管我国的旅游业。

1964 年,我国成立"中国旅行游览事业管理局"。1978 年 3 月,党中央和国务院同意将原"中国旅行游览事业管理局"改为直属国务院的"中国旅行游览事业管理总局",并且同意各省、自治区和直辖市成立旅游局。此后,根据我国旅游业管理工作的需要,国务院决定将旅游总局作为国家旅游行政机构,负责统一管理全国的旅游工作,从而确定了旅游总局作为我国国家旅游组织的地位。1982 年 8 月,经全国人大批准,将"中国旅行游览事业管理总局"更名为"中华人民共和国国家旅游局",对外英文名称是"China National Tourism Administration",简写为"CNTA"。2018年3月,经第十三届全国人民代表大会第一次会议通过《深化党和国家机构改革方案》,决定组建文化和旅游部,作为国务院组成部门,以统筹文化事业、文化产业发展和旅游资源开发,提高国家文化软实力和中华文化影响力。2018年4月8日,文化和旅游部在北京正式挂牌。

文化和旅游部主要职责是:贯彻落实党的文化工作方针政策,研究拟订文化和旅游工作政策措施,统筹规划文化事业、文化产业、旅游业发展,深入实施文化惠民工程,组织实施文化资源普查、挖掘和保护工作,维护各类文化市场包括旅游市场秩序,加强对外文化交流,推动中华文化走出去等。

### (二)省、自治区和直辖市旅游局或旅游发展委员会

我国各省、自治区和直辖市均设有旅游局或旅游管理委员会。它们分别主管其所在省、自治区和直辖市的旅游行政工作。这些旅游行政机构在组织上属地方政府部门编制,在业务工作上接受地方政府、文化和旅游部的指导。其主要职能包括负责所辖范围内的旅游发展规划工作、旅游资源开发工作、旅游行业管理工作以及旅游宣传和促销工作。

尽管这一层次的旅游行政管理机构与文化和旅游部之间在组织上不存在直接隶属关系,但为了便于接受文化和旅游部的业务指导,在组织结构方面基本都采取了文化和旅游部各主要业务司对口的做法。

### (三)省级以下的地方旅游行政机构

在省级以下的地方上,很多市、县也设立了旅游行政管理机构,负责相应行政区域范围内的旅游行业管理工作。在未设立专职旅游行政机构的县、市,有关旅游方面的事务则在其上级政府旅游行政部门的指导下,由当地政府配合处理。

## 二、旅游行业组织

旅游行业组织是指由有关社团组织和企事业单位在平等自愿的基础上组成的各种行业协会。属非营利性的社会组织,具有独立的社团法人资格。

### (一)我国旅游行业组织的宗旨和任务

我国旅游行业组织的宗旨是:遵守国家法律、法规和相关政策,遵守职业道德风尚,代表和维护行业的共同利益和会员的合法权益,在政府和行政主管部门的指导下,为行业和会员服务,在政府和会员之间发挥桥梁和纽带作用,为促进我国旅游业的持续、快速、健康发展做出积极贡献。

我国旅游行业组织的任务如下。

(1) 向政府有关部门反映会员中的普遍性问题和合理要求,向会员宣传行政主管部门的有关政策、法律、法规并协助其贯彻执行,发挥桥梁纽带作用。

(2) 协调会员间的相互关系,发挥行业自律作用,制定行业自律公约,督促会员共同遵守。

(3) 开展调查研究，为行业发展和政府决策提供建议，向会员提供国内外本行业的有关信息、资料和咨询服务。

(4) 组织有关本行业发展问题的研讨和经验交流，推动和督促会员单位提高服务质量和管理水平。

(5) 根据行业发展的需要，开展业务培训活动。

(6) 加强同旅游行业内外有关社团组织的联系与合作。对外以民间组织的身份开展国际交流与合作。

(7) 承办政府主管部门交办的其他工作。

### (二)全国性的旅游行业组织

#### 1. 中国旅游协会

中国旅游协会(CTA)是由中国旅游行业相关的企事业单位、社会团体自愿结成的全国性、行业性社会团体，是非营利性社会组织，具有独立的社团法人资格。它是1986年1月30日经国务院批准正式成立的第一个旅游全行业组织，1999年3月24日经民政部核准重新登记。

中国旅游协会的宗旨是：依法设立、自主办会、服务为本、治理规范、行为自律。遵守国家的宪法、法律、法规和有关政策，遵守社会道德风尚，代表和维护全行业的共同利益和会员的合法权益。努力为会员服务，为行业服务，为政府服务，充分发挥桥梁和纽带作用。与政府相关部门、其他社会团体以及会员单位协作，为促进我国旅游市场的繁荣、稳定，旅游业持续、快速、健康发展做出积极贡献。

#### 2. 中国旅行社协会

中国旅行社协会(CATS)成立于1997年10月，是由中国境内的旅行社、各地区性旅行社协会等单位，按照平等自愿的原则结成的全国旅行社行业的专业性协会，是在国家民政部门登记注册的全国性社团组织，具有独立的社团法人资格。其宗旨是：代表和维护旅行社行业的共同利益和会员的合法权益，努力为会员服务，为行业服务，在政府和会员之间发挥桥梁和纽带作用，为中国旅行社行业的健康发展做出积极贡献。

协会实行团体会员制，所有在中国境内依法设立、守法经营、无不良信誉的旅行社与旅行社经营业务密切相关的单位、各地区性旅行社协会或其他同类协会，承认和拥护本会的章程、遵守协会章程、履行应尽义务均可申请加入协会。协会对会员实行年度注册公告制度。每年年初会员单位必须进行注册登记。协会对符合会员条件的会员名单向社会公告。

协会的最高权力机构是会员代表大会，每四年举行一次。协会设立理事会和常务理事会。理事会对会员代表大会负责，是会员代表大会的执行机构，在会员代表大会闭会期间领导协会开展日常工作。常务理事会对理事会负责，在理事会闭会期间行使职权。

协会网站"中国旅行社协会在线"(http://www.cats.org.cn)为会员提供信息服务。

#### 3. 中国旅游饭店业协会

中国旅游饭店业协会(CTHA)成立于1986年2月，经中华人民共和国民政部登记注册，具有独立法人资格，其主管单位为中华人民共和国文化和旅游部。

该协会是中国境内的饭店和地方店协会、饭店管理公司、旅游院校、饭店用品供应厂商等相关单位，按照平等自愿的原则结成的全国性行业协会。

宗旨是：遵守国家法律法规，遵守社会道德风尚，代表中国旅游饭店业的共同利益，维护会员的合法权益，倡导诚信经营，引导行业自律，规范市场秩序。在主管单位的指导下，为会员服务，为行业服务，在政府与企业之间发挥桥梁和纽带作用，为促进中国旅游饭店业的健康发展做出积极贡献。

该协会为会员服务体现在：对行业数据进行科学统计和分析；对行业发展现状和趋势做出判断和预测，引导和规范市场；组织饭店专业的研讨、培训及考察；开展与海外相关协会的交流与合作；利用中国旅游饭店网和协会会刊《中国旅游饭店》向会员提供快捷资讯，为饭店提供专业咨询服务。

中国旅游饭店业协会于1994年正式加入国际饭店与餐馆协会(IH&.RA)，成为其国家级协会会员。

除上述几个行业组织外，我国还有中国旅游车船协会、中国旅游景区协会、中国旅游报刊学会、中国妇女旅游委员会、中国旅游文化学会等全国性旅游行业组织。另外，在地方层次上，我国各省、自治区、直辖市中也成立有各种名称的旅游协会。这些地方性旅游协会的成员中，既有团体会员，也有个人会员。这些会员多来自本行业中的有关企业或与本行业密切相关的其他部门单位、旅游科研单位以及旅游教育机构。这些协会在性质上属于非营利性的社会民间社团组织，在工作开展上受当地旅游行政部门的指导。

## 三、旅游教育与学术组织

目前，我国的旅游教育与学术组织数量很少。全国性的组织主要有高等旅游院校协作会和中国旅游未来学会。2003年年底为了广泛团结和凝聚旅游教育各方面的力量，为全国的旅游教育机构创造一个交流信息、学术研究、整合资源共谋发展的服务平台，促进旅游教育质量的不断提高，使旅游人力资源的开发适应我国旅游业发展，实现世界旅游强国目标和参与国际竞争的需要，经国家旅游局研究并报民政部批准，成立了中国旅游协会旅游教育分会。

## 本章小结

旅游组织是为了促进旅游发展而由一定成员组成的独立的人群集合体。其特征表现为：有相对稳定的组织成员，有自己的章程、组织机构、行为目标和活动经费，依据有关法律进行登记、注册或批准成立，以自己的名义从事各种与旅游有关的活动。旅游组织有广义和狭义之分。广义的旅游组织通常包括：旅游行政组织，如中华人民共和国文化和旅游部；旅游行业组织，如中国旅游协会(CTA)；旅游民间组织，如世界旅行社协会联合会(UFTAA)；旅游教育组织，如桂林旅游学院；旅游科学研究组织，如国际旅游科学专家联合会(IASET)；旅游出版组织，如中国旅游出版社(CTTP)；旅游经营组织，如各类旅游企业和个体旅游经营户等。狭义的旅游组织一般指旅游行政组织、旅游行业组织和旅游民间组织。世界主要国际旅游组织有联合国世界旅游组织、太平洋亚洲旅游协会、世界旅行社协会联合会等。我国旅游组织主要有文化和旅游部，省、自治区和直辖市旅游局或旅游发展委员会，中国旅游协会，中国旅行社协会等。

## 课后练习

1. 旅游组织的基本含义是什么？
2. 旅游组织可以划分为哪些类型？
3. 国际旅游组织主要有哪些？
4. 我国旅游组织主要有哪些？

# 旅游职业篇

- 第九章　旅游职业道德与职业精神
- 第十章　旅游行业相关证书

# 第九章

## 旅游职业道德与职业精神

【学习目标】

通过本章的学习,要求学生理解旅游职业道德的含义、特点、基本要求;掌握旅游职业道德修养的内容和方法;了解我国旅游职业精神建设的现状及问题;掌握旅游职业道德精神建设途径。

【关键词】

旅游职业道德　旅游职业精神

## 案例导入

### 孙树伟：向海内外绽放青岛最美风景

孙树伟，全国模范导游员、国家首批高级导游员，从事导游工作20多年，有着丰富的带团和出国领队经验，拥有众多海内外回头客，是青岛旅游局首批外聘导游培训老师(1994年)。十几年来，讲课足迹遍及省内，为各地市旅游局培训导游人员十万余人。先后出任山东省首届(网络)导游大赛及多家地市旅游局和青岛市历届导游电视大赛点评员、评委。被数家高校聘为专家顾问、客座教授。2002年被青岛市旅游局命名为"青岛旅游活字典"，2004年4月创建了国内首个导游工作室——"孙树伟导游工作室"。2005年建成工作室网站。2006年10月27日，国家旅游局授予十一位导游员为"全国模范导游员"，孙树伟名列其中，山东省只有他一人获此殊荣。2007年，被青岛市职业技术学院旅游外事学院旅游管理专业聘为专业带头人。2007年12月，孙树伟导游工作室荣获首批"青岛市旅游行业服务名牌"称号。

1989年，孙树伟通过偶然的机会参加了首批全国导游员考试，经过面试、笔试、试讲等环节层层筛选，最后成为青岛首批全国导游资格证书的持有者之一，从此他将导游工作当成一生追求的事业。青岛市首批国内导游培训结业纪念，如图9-1所示。

图9-1 青岛市首批国内导游培训班结业纪念

**爱上导游 用20盘录音带毛遂自荐**

20世纪80年代末，国内还没有旅游的概念，导游主要为来中国参观的外国人或者回国探亲的海外华人服务，再加上受到国际大环境的影响，国内旅游暂时陷入低谷，很多当年考出导游证的学员纷纷选择了转行。但孙树伟并不气馁，始终默默坚守着，他坚信旅游业未来的发展会呈现出美好的态势。

业余时间，他自录20盘旅游讲解录音带随身携带，有机会便向各个单位毛遂自荐。那时候没有专业的导游书，也没有现在快捷便利的网络资源，有些景点也只有些许的文字介绍。为丰富导游词的内容，保证游客拥有更好的视听体验，针对那些资料不齐全的景区，他便亲自去现场采集和考察。他还将报纸上涉及城市方方面面的内容剪裁整理并分类成册，形成自己的资料本以便及时查阅。2009年，孙树伟入围国家旅游局全国名导进课堂工程国家师资库成员。

**因人而异 成就最会讲城市故事的人**

出于对工作的喜爱和对自身的严格要求,每个景点他都会准备3~5种导游词,根据不同的人群与需求进行相应的讲演,因此他的解说是独一无二却又是最动人心弦的,时间一长便形成了自己独到的讲解风格,不论是普通旅游团、定制旅游团,还是政务接待团,凡是听过他讲解的游客没有不对他竖大拇指的,如图9-2所示。因此,他被誉为"最会讲城市故事的人"。

图9-2　孙树伟为游客讲解

20世纪90年代初,孙树伟接待了一批来自香港的游客,但因为语言交流不畅,导致他讲解的内容游客只听懂了10%。过后,他十分歉疚。为此,他克服了许多困难,用了一年多的时间,就可以用粤语流畅地讲解山东全省的景点了。而且,成为青岛当时唯一能教授含拼音在内的粤语老师。"自学粤语不为别的,只为对得起游客,"孙树伟说。2004年成立的全国首家导游工作室——孙树伟导游工作室,在2016年荣升为国家级导游大师工作室,如图9-3所示

图9-3　孙树伟导游工作室成立

**触类旁通 好导游既是杂家也是专家**

对于很多旅行者来说,除了美景,美食也是不可或缺的一部分。孙树伟不仅是一名优秀的导游,还是一位资深的民间厨神,曾经在全国烹饪大赛中获奖。此外,他还经常到电视台做嘉宾,定期以旅游专家和民俗专家的身份,在观众面前展现导游的行业风采。图9-4所示为"青岛民间厨神"孙树伟在为电视台的美食大赛做评审。

图9-4 "青岛民间厨神"孙树伟在为电视台的美食大赛做评审

孙树伟从业近30年的时间里,除创立"孙树伟导游工作室"外,还参与了各类重大活动的接待与相关工作人员的培训,如在2008年北京奥运会青岛奥帆赛期间,为领导嘉宾及各国运动员、裁判员等提供讲解服务和培训数千名志愿者,并被青岛市委市政府评为"2008奥帆赛特殊贡献奖"。为2014年青岛世界园艺博览会培训了数千名讲解员和花卉大使。特别是在2017年11月至2018年6月初,又为在青岛召开的重大会议培训了包括保安、行政管理人员、酒店服务人员和行政总厨等在内的3000余名志愿者和工作人员,受青岛市旅发委的委托,编撰了翻译成四种文字的会议政务旅行手册,摆放于各国嘉宾的下榻处,得到了来宾的高度评价。

鉴于导游讲解有很强的重复性,如何推陈出新是孙树伟一直所思考的。他计划未来成立独立的研究班子,进一步培养高端及专业型导游,借助线上旅游平台宣传推广,更好地向游客介绍和解释产品;同时,根据旅游环境的变化将宣传形式进行相应调整,例如深化研学,将学校不同年级的课本内容与旅游相结合;开设抖音,以探店的形式弘扬中华特色文化。

(资料来源:http://qingdao.dzwww.com/2018/ggkf/40n/201811/t20181115_16708067.htm)

**辩证性思考**

1. 孙树伟身上体现了一名优秀导游什么样的职业精神和职业素质?
2. 作为一名导游应具备什么样的基本要求?

# 第一节 旅游职业道德

## 一、旅游职业道德的含义

### (一)职业和职业道德

职业道德的含义:从事一定职业的人们在工作、劳动过程中所应遵循的、与其职业活动紧密联系的行为规范和准则的总和。

## 第九章 旅游职业道德与职业精神

职业道德包括职业观念、职业情感、职业理想、职业态度、职业技能、职业纪律、职业良心、职业作风。

职业道德是一个社会精神文明发展程度的突出标志，是公民道德建设体系的重要组成部分。

社会主义职业道德建设的主要内容：爱岗敬业、诚实守信、办事公道、服务群众、奉献社会。

社会主义职业道德建设的基本精神：为人民服务。

### (二)旅游职业道德

旅游职业道德是指旅游从业人员在履行本职工作过程中所应遵循的行为规范及准则的总和。

## 二、旅游职业道德的特点

职业道德的特点：适用范围上的特殊性、形式上的多样性和具体性、内容上的稳定性和继承性。

除具有以上特点外，社会主义旅游职业道德还有以下特点。

### (一)进步性

旅游职业道德是在马列主义、毛泽东思想和邓小平理论指导下，在批判地继承了历史上优秀的道德遗产的基础上形成的，它反映了社会主义旅游业的特点和要求，最能代表旅游者、旅游工作者和广大人民群众的利益，是一种先进的职业道德。

### (二)崇高的目的性

社会主义旅游业的根本宗旨——全心全意为旅游者服务，决定其职业目的——经济效益、社会效益。

(1) 社会主义旅游职业道德与职业目的完全一致。
(2) 道德规范与职业地位的一致性。
(3) 在社会主义社会，旅游从业人员是旅游企业的主人。从业者的主人翁精神，是社会主义旅游道德崇高目的性的表现。

### (三)广泛的适应性

旅游业服务对象、服务内容、服务方式三大多样性决定了社会主义旅游职业道德的广泛适应性。

### (四)高度的自觉性和实践性

社会主义旅游职业道德是在旅游从业人员高度自觉的基础上建立起来的、共同遵守的道德规范。

其原则和规范是在旅游职业活动实践中，根据旅游职业责任和旅游职业纪律的要求总结、概括而成的具体可行的行为守则。

### (五)多层次性

处在社会主义初级阶段的我国的经济结构是多层次的,这决定了社会主义旅游职业道德也必然表现为多层次性。

## 三、旅游职业道德的基本要求

### (一)热爱旅游事业

热爱旅游事业主要包括以下三方面。

#### 1. 正确认识旅游事业的性质和任务

旅游事业既是经济事业,又是文化事业;既要为国家建设积累资金、赚取外汇,又要扩大我国的对外影响,增进同各国人民之间的相互了解与友谊,开展民间性质的文化、科技交流。同时,伴随我国经济的快速发展,旅游已日益成为人们生活不可缺少的重要组成部分,成为进行社会主义精神文明建设以及提高国民素质的重要途径。

#### 2. 培养敬业、乐业的道德情感

敬业——敬重我们自己所从事的旅游事业,有职业荣誉感。

乐业——以主人翁的姿态,热爱旅游事业,乐于为广大旅游者服务,并且以做好本职工作为自己最大的快乐,即有职业幸福感。

#### 3. 树立勤业、创业的精神

勤业——为发展我国的旅游事业刻苦钻研业务,勤学苦练过硬本领;在平凡而琐碎的旅游服务过程中兢兢业业,尽心尽责;在职业实践中养成忠于职守、克勤克俭的良好习惯。

创业——以高度的主人翁精神,进行创造性的劳动,并积极参与各方面的工作,使我国的旅游事业得到更好、更健康的发展。

### (二)发扬爱国主义精神

#### 1. 爱国主义的含义

爱国主义是指千百年来固定下来的对自己祖国的一种最深厚的感情,即人们对自己所出生的民族、民族的发祥地(即祖国的山河)、民族的优秀传统和文化等深深热爱的一种感情。它是国家、民族自信心和自尊心在个人身上的集中体现。

#### 2. 爱国主义的基本要求

爱国主义的基本要求有以下六点。

(1) 坚持祖国利益高于个人利益,在个人利益同祖国利益不一致时要无条件地服从祖国利益。

(2) 要自觉维护祖国的独立、完整、统一和尊严,反对一切叛卖祖国、玷污祖国的言论和行为。

(3) 要自觉维护各族人民的安定团结，一切言论和行为都要有利于安定团结局面的形成和巩固。

(4) 要自觉为祖国的繁荣昌盛奋发进取，努力工作，做出自己应有的贡献。

(5) 要有民族自尊心和自信心，在任何大国、强国、富国面前绝不妄自菲薄、卑躬屈膝，更不崇洋媚外。

(6) 要尊重、关心和支持其他民族和国家的人民的正义斗争，坚持爱国主义和国际主义的统一。

### 3. 培养爱国主义情感

(1) 学习、了解祖国的历史。
(2) 树立民族自豪感、自尊心和自信心。
(3) 以实际行动报效祖国。

## 四、旅游职业道德规范

### (一)爱岗敬业，忠于职守

#### 1. 道德含义

爱岗敬业，干一行爱一行，是社会主义职业道德的最基本要求。

忠于职守，尽职尽责，严格遵守职业纪律，以崇高的使命感和责任感，恪守职责，兢兢业业地把自己职责范围内的工作做好，完成自己所承担的任务。

#### 2. 具体要求

(1) 正确认识旅游事业，热爱旅游服务工作。
(2) 端正择业动机，树立高尚的职业道德。
(3) 积极努力工作，尽心竭力为旅游者服务。

### (二)热情友好，宾客至上

我国旅游业的指导方针是"友谊为上，经济受益"。而"热情友好 宾客至上"则是旅游接待服务工作的精髓。

#### 1. 道德含义

热情友好是一种道德情感——建立在旅游从业人员对旅游业的道德义务和道德价值的认识上，表现为在旅游接待与服务工作中倾注满腔热情，真诚友好地接待每一位旅游者。

热情友好是一种道德行为——表现为旅游从业人员有意识地做到对客人笑脸相迎，文明礼貌，热情周到，提供优质服务，使客人从中深切地感受到自己受到欢迎、得到尊重，从内心享受到轻松和快乐。

宾客至上——在旅游接待与服务工作中的一切要求都要以宾客为中心，宾客的任何一点需求，我们都有责任尽全力去做得最好。

#### 2. 具体要求

(1) 主动招呼客人，为客人着想。
(2) 尽力满足客人的要求，不怕麻烦。
(3) 为客人服务，要注意礼仪。

### (三) 真诚公道，信誉第一

#### 1. 道德含义

真诚公道，要求旅游从业人员必须认真维护旅游者的实际利益，做到真诚相待，经营公道。

信誉第一，要求每个旅游从业人员必须把企业的声誉放在第一位，把它看作企业的生命。

#### 2. 具体要求

(1) 真诚待客，正确处理宾客投诉。
(2) 拾金不昧，发扬优良传统。
(3) 重合同，守信誉，严格履行承诺。
(4) 按质论价，收费合理。
(5) 广告宣传，实事求是。

### (四) 文明礼貌，优质服务

"文明礼貌，优质服务"是旅游业最重要、最具行业特色的道德规范和业务要求。

#### 1. 道德含义

文明礼貌是旅游从业人员服务态度、服务规范和服务内容的重要组成部分。

优质服务是一切服务行业的共同规范，是旅游业职业义务的集中体现，是旅游从业人员最重要的道德义务和责任。优质服务的核心内容——礼貌服务。

#### 2. 具体要求

(1) 真诚待人，尊重旅游者。
(2) 清洁端庄，礼貌待客。
(3) 实行标准化服务和个性化服务。

中华人民共和国国家标准《导游服务质量》(GB/T 15971—1995)是导游服务标准化服务的依据。

到家服务——根据程序与标准，不仅服务要到位，还要到家，即超出客人的期望值的额外服务。

延伸服务——在满足宾客的服务标准需求之外，将服务内容延伸。如有些旅游企业组织的灵活服务、细致服务、癖好服务、意外服务、自选服务等。

微笑服务——旅游从业人员通过真诚的最直接的表达和流露的微笑形式，向宾客提供的礼貌服务。微笑服务与"素质服务"和"知识服务"相结合——真正的"超值服务"。

## (五)不卑不亢，一视同仁

### 1. 道德含义

不卑不亢是爱国主义和国格、人格的体现。一视同仁是社会主义人道主义的体现。不卑不亢、一视同仁的核心是平等。

### 2. 具体要求

不卑不亢是自觉维护民族尊严，维护国格、人格的具体体现。要做到不卑不亢，要求我们谦虚谨慎，但不妄自菲薄。一视同仁有助于建立平等、团结、友爱、合作、互助的新型人际关系。

旅游接待服务工作中的一视同仁，重点体现在以下两个方面。

1) "六个一样"
(1) 高低一样，一样看待高消费和低消费客人。
(2) 内外一样，一样看待国内客人和国外客人。
(3) 华洋一样，一样看待华人客人和外国客人。
(4) 东西一样，一样看待东、西方国家的客人。
(5) 黑白一样，一样看待黑色与白色人种客人。
(6) 新老一样，一样看待新来的客人与老客人。

2) "六个照顾"
(1) 照顾先来的客人。
(2) 照顾外宾和华侨、外籍华人和港澳台同胞。
(3) 照顾贵宾和高消费客人。
(4) 照顾少数民族客人。
(5) 照顾常住客人和老客人。
(6) 照顾妇女、儿童和老弱病残客人。

## (六)遵纪守法 廉洁奉公

"遵纪守法 廉洁奉公"是正确处理个人、集体、国家关系的一条重要原则。

### 1. 道德含义

遵纪守法，重视并遵守组织纪律和法律法规。旅游组织纪律既包括法律规定的有关纪律和制度，也包括行业本身的规章制度、规程和奖惩措施等，如员工守则、公约、服务规程、岗位责任制、奖罚细则、服务质量要求等。

廉洁奉公，不贪，不占，不损公肥私，不化公为己，不搞特殊化，更不能徇私枉法，即要以人民利益为最高利益，处处为国家和集体着想，全心全意地为人民办事。

作为行政和法律规范，它是一种强制性的要求；作为道德规范，它是一种自觉性的要求，是衡量一个人道德品质优劣的标准之一。

### 2. 具体要求

(1) 自觉遵守职业纪律，严格执行政策、法令。
(2) 自觉遵守社会公德。社会主义社会公德基本要求——文明礼貌、助人为乐、爱护公物、保护环境、遵纪守法。

(3) 清正廉洁，自觉抵制行业不正之风。

### (七)团结服从，顾全大局

"团结服从，顾全大局"是旅游业发展的可靠保障。

#### 1. 道德含义

要求每个旅游从业人员为了旅游业发展的共同目标，自觉搞好同事之间、部门之间以及行业之间的团结，摆正个人、集体、国家三者之间的关系，自觉做到个人利益服从集体利益、局部利益服从整体利益、眼前利益服从长远利益，从而使旅游业健康发展。

#### 2. 具体要求

(1) 团结友爱，相互尊重。
(2) 发扬主人翁精神，相互支持。
(3) 学习先进，勇于竞争。

### (八)钻研业务，提高技能

#### 1. 道德含义

自觉钻研业务，不断提高技能，不仅是一项业务要求，更是一种道德义务。

#### 2. 具体要求

(1) 树立明确的学习目标，持之以恒。
(2) 认真学习文化基础知识，打下坚实的文化基础。
(3) 努力提高自己的语言表达能力，做到准确、生动、流畅。
(4) 努力学习礼节礼貌方面的知识，在接待服务过程中做到大方得体、彬彬有礼。
(5) 加强美学知识学习，不断提高审美能力。
(6) 关心时事政治，关心社会热点，关心世界形势。
(7) 掌握学习的规律和方法，不断进取。
(8) 掌握过硬的基本功，努力提高专业技能。

## 五、旅游职业道德修养的内容和方法

### (一)内容

旅游职业道德的内容包括职业道德认识、职业道德情感、职业道德意志、职业道德信念、职业道德行为。

以上五个方面的内在联系：职业道德认识的提高是前提，职业道德情感的陶冶、职业道德意志的锻炼是两个必要的内在条件，职业道德信念的确立是保障，职业道德行为的形成则是最终结果。

### (二)方法

(1) 学习理论和参加实践相结合。

(2) 开展自我职业道德评价，严于剖析自己。

(3) 培养自己的道德人格，向先进人物学习。

(4) 提高精神境界，努力做到"慎独"。"慎独"作为一种修养方法，其基本特征是建立在人们高度自觉的基础上的。运用"慎独"的方法进行道德修养，必须在"隐""微""恒"上下功夫。

(5) 加强"自我控制"。"自我控制"是指一个人的自我调节能力，包括控制自己的情绪和行为。

## 第二节　旅游职业精神

职业精神是在一定社会环境的影响下，基于一定的职业，所反映出的员工(或是群体)的特有价值观(宗旨)和精神面貌。职业精神包括职业理想、职业态度、职业责任、职业技能、职业纪律、职业良心、职业信誉和职业作风八方面，是超越物质的一种追求，是人格和性格的真、善、美在职业生涯中的体现。旅游职业精神是旅游职业道德的核心部分，是一个行业的灵魂，也是行业持续发展的动力所在。对旅游职业精神的研究，对旅游业的发展有着重要意义。

### 一、旅游职业精神概述

旅游职业精神是在旅游业环境的影响下，基于一定的专业、技能水平，所反映出的旅行社、旅游交通客运业和旅馆业等旅游直接企业从事旅游经营与服务的人员的全心全意服务旅游者的价值观(宗旨)和精神面貌。

旅游业是劳动密集型的服务性产业，旅游服务的对象是人，而且旅游活动是一项体验性很强的活动，旅游从业人员的服务和旅游者的消费是同步的，旅游者在旅游活动中获得的是一种体验，体验的好坏取决于服务质量的高低。所以"服务"可以说是旅游业的基础，是旅游业的核心。旅游从业人员尤其是一线旅游从业人员的服务质量是十分重要的。服务人员要为客人提供标准化加个性化的"满意加惊喜"服务，使客人体验最优，达到旅游企业增收和客人开心的"双赢"，旅游从业者的职业精神面貌直接影响了服务质量及水平，至关重要。

### 二、我国旅游职业精神建设的现状及问题

旅游职业道德是伴随着旅游而产生的，旅游职业道德随着旅游业的发展而发展变化。职业精神与职业道德有着密不可分的关系，可以说旅游职业精神也是伴随着旅游而产生的，随着旅游业的发展而发展变化的。1996年11月20日，国家旅游局制定了《关于加强旅游业精神文明建设的意见》，其中提出了旅游企业一线工作人员的职业道德规范是：爱国爱企、自尊自强；遵纪守法、敬业爱岗；公私分明、诚实善良；克勤克俭、宾客至上；热情大度、清洁端庄；一视同仁、不卑不亢；耐心细致、文明礼貌；团结服从、大局不忘；优质服务、好学向上这72个字。这一规范的出台表明了国家政府对旅游职业道德建设的重视，同时，

这一规范对旅游从业人员职业道德的规范、职业精神的塑造起了一定的作用。但是，我国在旅游职业精神建设方面也存在一些突出的问题，主要表现在以下方面。

### (一)职业理想缺失

目前，不少旅游从业人员，尤其是导游以及饭店服务人员认为，导游和服务员只是个"青春饭"，现在从事这一职业的目的是存钱，以便以后转行。可以看出，这部分人员对这一行业职业忠诚度低，对其缺乏正确的认识，他们仅把所从事的职业作为赚钱的工具，而不是一职业，更谈不上热爱这一职业。没有职业理想，工作起来就不那么尽心尽力，大多有一种得过且过思想，这极不利于旅游业的健康发展。

### (二)职业态度不正

树立正确的职业态度是从业者做好本职工作的前提。部分旅游从业人员的职业态度就比较不端正。在现实中不少旅游从业人员对本职工作存在着片面的认识，认为旅游工作就是伺候人，没有什么出息，因此不踏踏实实地做好本职工作。

### (三)职业信誉不佳

诚信原则是旅游业经营之本，也是旅游从业人员必须遵守的职业道德规范。但有不少旅游从业人员不实事求是，对外促销宣传时任意夸大宾馆星级，对外组团时故意不签合同，或是故意不讲清，游客来了以后，住的不是事先约定的宾馆级别，玩的不是承诺的景点和路线，消费价格与承诺相差较大，造成游客不满意；又如旅游从业人员抓住游客一次性购物的特点，出售劣质、假冒或质价严重不符的商品，坑害游客等。

### (四)职业作风不好

旅游从业人员在从事旅游活动过程中，不仅要追求经济效益，还要坚定正确的政治立场与舆论导向，宣传积极、健康、向上的优良文化，维护国家与地区的良好形象。时下，有一些旅游从业人员很是"开放"。他们虽然对旅游景点的知识介绍得结结巴巴，对当地的风土人情也知之甚少，但说起低级趣味的"黄段子"来却是一套一套的。这些现象不仅严重污染了旅游环境，有损国家与地区的形象，也影响了游客美好的心情。

相关案例 9-1

## 三、旅游职业精神建设途径

旅游是一项综合性的活动，涉及社会的方方面面，以上所阐述的旅游职业精神方面存在的突出问题，也要从多角度来进行解决，可采取以下措施。

### (一)适当运用宏观调控，规范旅游市场经济

针对旅游市场上恶性竞争、坑客宰客的一些情况，我们可以通过以下途径进行适当的宏观调控：一是适当加强对旅游市场的行政管理力度，尤其是对导游人员市场的管理力度，规范导游人员的不良行为，同时坚决打击野导、黑导，以免他们扰乱旅游市场；二是加强相关基础设施的建设，如免费旅游信息查询处，这样可以减少旅游者和旅行社、导游之间

的信息不对称，让游客了解更多当地的旅游信息，以防上当受骗。同时，这对旅游工作人员也起到了一定的规范作用。

### (二)完善旅游行业监督机制

完善旅游行业的监督机制是加强旅游从业人员职业道德塑造良好职业精神的一个重要方面。针对目前我国旅游行业监督机制的现状，必须尽快完善旅游行业监督机制，形成一个良好的旅游市场氛围，为塑造良好的旅游职业精神创造健康的环境。这就要求各个部门齐抓共管、协同行动，充分发挥行政、社会、媒体三位一体的监督保障作用。

相关案例 9-2

相关案例 9-3

### (三)完善旅游行业薪酬激励机制

目前，导游可以说是旅游业中职业道德、职业精神问题出现最多，受到社会关注、社会唾骂最多的职业，造成这种现象的很大一部分原因就是导游的工作报酬不合理，福利待遇低，收入不稳定。完善导游行业的薪酬激励机制，在一定程度上解决了导游群体工作报酬不合理的问题，有利于减少导游人员职业精神方面的问题。

### (四)加强旅游职业精神教育与培训力度

#### 1. 提高旅游院校职业精神教育水平

首先，要转变传统的职业道德教育观念和方法，在专业教育中渗透职业道德、职业精神的教育。通过专业教育渗透职业道德、职业精神的观念，理论联系实际，使学生对其有更加全面深刻的理解，有利于学生形成良好的职业精神。

其次，重视教师的精神引导作用。发挥专业教师的引导作用，给予学生充分的指导，提出建议，答疑解惑。让旅游专业学生在这一十字路口找到正确的方向，不至于迷失自我。

#### 2. 加强在职旅游从业人员职业精神培训

要高度重视旅游从业人员职业道德、职业精神培训的意义。各级旅游行政部门、各旅游企业以及负责人要高度重视、充分认识到旅游从业人员职业道德的重要性。同时，各级、各类旅游培训部门与机构也要把旅游从业人员职业精神作为重要的内容纳入培训计划，并抓好落实与实施。

### (五)旅游企业塑造良好的企业文化

在我国旅游业中，酒店行业的管理模式较为规范，但旅行社的情况就不容乐观，承包经营大行其道，"挂羊头卖狗肉"，不利于规范管理，更别说企业文化的形成。要改善这种局面首先要加强行政管理，尽量杜绝承包经营。此外，企业要贯彻"以人为本"理念。人才是企业发展的根本，企业的一切都要从人出发。以人为本就是要尊重企业里的每一个人。要塑造员工良好的职业精神就要从精神层面去关心员工、体谅员工、引导员工。

总而言之，旅游职业精神是旅游业发展的灵魂，对旅游业的发展起着至关重要的作用。目前我国旅游业的职业道德、职业精神确实存在一些问题，这需要每一位旅游从业人员弘扬职业精神，恪守职业道德，提升社会声誉，树立良好的形象，明确自我责任，这样才能塑造旅游业良好的精神风貌，促进旅游业不断健康发展。

## 本章小结

　　旅游职业道德是旅游从业人员在履行本职工作过程中所应遵循的行为规范及准则的总和。旅游职业道德的基本要求是热爱旅游事业、发扬爱国主义精神。旅游职业道德规范是爱岗敬业忠于职守、热情友好宾客至上、真诚公道信誉第一、文明礼貌优质服务、不卑不亢一视同仁、遵纪守法廉洁奉公、团结服从顾全大局、钻研业务提高技能。旅游职业精神是在旅游业环境的影响下，基于一定的专业、技能水平，所反映出的旅行社、旅游交通客运业和旅馆业等旅游直接企业从事旅游经营与服务的人员的全心全意服务旅游者的价值观(宗旨)和精神面貌。旅游职业精神建设途径有：适当运用宏观调控，规范旅游市场经济；完善旅游行业监督机制；完善旅游行业薪酬激励机制；加强旅游职业精神教育与培训力度；旅游企业塑造良好的企业文化。

## 课后练习

1. 旅游职业道德的基本要求是什么？
2. 旅游职业道德规范有哪些？
3. 我国旅游职业道德精神建设的现状及问题有哪些？
4. 旅游职业道德精神建设的途径有哪些？

# 第十章

## 旅游行业相关证书

**【学习目标】**

通过本章的学习,要求学生掌握导游人员的概念、导游人员资格考试的相关程序和内容;了解导游证版式、种类以及颁发导游证的程序。

**【关键词】**

导游人员　导游资格证　导游证

**案例导入**

### 首批60名港澳导游及领队获颁横琴专用导游证

2019年9月25日,香港、澳门导游及领队在珠海市横琴新区执业(首期)发证仪式在横琴举行,60名港澳导游及领队领取横琴新区专用导游证,持证导游首发团将于国庆节期间体验琴港澳"一程多站"旅游产品。

据横琴新区党委副书记李伟辉透露,首期港澳导游及领队在横琴新区执业岗前培训班在港澳旅游业界反响热烈,4天的报名时间共收到1534份申请,最终由原计划30人扩编至60人。下一步,横琴新区将结合报名人数和实际需求,分批分期开展培训认证发证,让更多港澳导游及领队到横琴便利执业。

"这几天在横琴实实在在感受到横琴国际休闲旅游岛的魅力。"首批领取到证件的澳门导游区咏凤高兴地表示,相信未来澳门和横琴,还有香港的旅游产品串联、互动会越来越多、越来越密切。

首批领取到证件的香港领队陈先生表示,《香港、澳门导游及领队在珠海市横琴新区执业实施方案(试行)》的出台为港澳导游及领队带来了新的机会和可能,为他们融入粤港澳大湾区的发展打开了一条更加便捷的通道。

按照计划,首批领取横琴新区专用导游证的港澳导游及领队首发团将在国庆节期间进入横琴。该旅游团已有20名来自葡萄牙和菲律宾的游客报名,他们将体验"一程多站"旅游产品,行程包括港珠澳大桥、澳门及横琴。

广东省人力资源和社会保障厅副厅长杨红山表示,首批专业导游证的颁发标志着《香港、澳门导游及领队在珠海市横琴新区执业实施方案(试行)》从制度设计层面转入落地见效层面。下一步将从制度上推动医师、教师、律师、建筑规划师、专利代理师、注册会计师等多个行业的港澳专业人才在大湾区内地便利化执业,逐步实现粤港澳大湾区人才要素的自由流动和创新人才资源的深度融合。

(资料来源: https://baijiahao.baidu.com/s?id=1645650655682693048&wfr=spider&for=pc)

**辩证性思考**

1. 导游证在导游人员管理中所起的作用是什么?
2. 如何考取导游证?

## 第一节 导游资格证

### 一、导游人员

旅行社是旅游业的龙头和纽带,在旅行社基本业务之中,以导游服务为主体的接待业务无疑是其中关键的环节。

从服务管理理论来看,导游人员处于旅行社企业与旅游消费者之间的互动层面,既是旅行社服务产品价值的直接传递者,也是旅行社服务产品的组成部分。导游服务质量的高低,很大程度上影响甚至决定着顾客对服务体验的最终评价。

在实际业务中,我们经常将导游人员简称为导游。从一般意义上讲,导游是指那些为旅游者引路并作讲解、帮助旅游者参观游览,必要时还为旅游者提供旅途生活照料的人员。

鉴于导游工作的重要性,许多国家对于从事导游工作人员的资格都有着严格的规定。

### (一)导游人员的概念

在我国,《导游人员管理条例》对导游人员的定义是:导游人员,是指依照本条例的规定取得导游证,接受旅行社委派,为旅游者提供向导、讲解及相关旅游服务的人员。

### (二)导游人员的分类

#### 1. 以使用的语言为标准

以使用的语言为标准,导游人员可分为外国语导游员和中文导游员。

中文导游包括普通话、方言、少数民族语导游,外文导游常用语种主要有英语、法语、韩语、日语、俄语、德语。

#### 2. 以职业性质为标准

以职业性质为标准,导游人员可分为专职导游员、业余导游员和自由职业导游员。

#### 3. 以所具备的技术等级为标准

以所具备的技术等级为标准,导游人员可分为以下几类。

初级导游员:取得导游人员资格证书后工作满一年,经考核合格。

中级导游员:取得初级导游员资格工作两年以上。

高级导游员:取得中级导游员资格工作四年以上。

特级导游员:取得高级导游员资格工作五年以上。

#### 4. 按导游人员工作任务的范围划分

按导游人员工作任务的范围划分,导游人员可分为全陪(全程陪同导游人员)、地陪(地方陪同导游人员)、点陪(景点陪同导游人员)。

相关案例 10-1

## 二、导游人员资格考试制度

《导游人员管理条例》规定,通过导游资格考试并获得导游证是从事导游工作的先决条件,考试工作由国家旅游局授权的全国各省、自治区、直辖市旅游行政主管机关相关部门负责具体组织实施。

### (一)导游人员资格考试报名条件

《导游人员管理条例》规定,国家实行全国统一的导游人员资格考试制度。具有高级中学、中等专业学校或者以上学历,身体健康,具有适应导游需要的基本知识和语言表达能力的中华人民共和国公民,可以参加导游人员资格考试;经考试合格的,由国务院旅游行政部门或者国务院旅游行政部门委托省、自治区、直辖市人民政府旅游行政部门颁发导游人员资格证书。

### (二)考试内容

考试分为闭卷考试和现场考试(面试)两种。科目一到科目四为闭卷考试,科目五为现场考试(面试)。考试科目如下:

科目一:《政治与法律法规》

科目二:《导游业务》

科目三:《全国导游基础知识》

科目四:《地方导游基础知识》

科目五:《导游服务能力》

科目一、科目二合并为1张试卷进行测试,其中科目一、科目二分值所占比率各为50%;科目三、科目四合并为1张试卷进行测试。

闭卷考试实行全国统一的计算机考试,现场考试(面试)以模拟考试方式进行,由省级考试单位根据考试大纲和《全国导游资格考试现场考试工作标准(试行)》组织。

科目五考试中文类考生每人不少于15分钟,备考旅游景区不少于12个;外语类考生每人不少于25分钟,备考旅游景区不少于5个。

考试成绩采用百分制,中文类分值比率为:礼貌礼仪占5%,语言表达占20%,景点讲解占45%,导游服务规范占10%,应变能力占10%,综合知识占10%。

外语类分值比率为:礼貌礼仪占5%,语言表达占25%,景点讲解占30%,导游服务规范占10%,应变能力占5%,综合知识占5%,口译占20%。

### (三)导游人员资格证书的颁发

印制机关:文化和旅游部。

颁发机关:国家和省级文化旅游局。

适用范围:全国。

取得条件:考试合格。

取得时间:考试结束之日起30个工作日内。

有限期:2016年1月,国家旅游局通知,导游资格证终身有效,导游证全国通用,如图10-1所示。

图10-1　导游员资格证书

## 第二节 导 游 证

### 一、导游证版式

根据 2018 年 1 月 1 日开始实施的《导游管理办法》，导游证采用电子证件形式，由国家旅游局制定格式标准，由各级旅游主管部门通过全国旅游监管服务信息系统实施管理。电子导游证以电子数据形式保存于导游个人移动电话等移动终端设备中，如图 10-2 所示。

图 10-2 电子导游证

电子导游证与原 IC 卡导游证都是导游取得的从事导游执业活动的许可证件，但二者在核发、外观形态、载体、功能、使用和管理等方面存在显著区别。

一是在核发方面，导游通过全国旅游监管服务平台申领，在旅游部门审批通过后即可自动生成"电子导游证"，导游只需将相关证件保存在自己手机 App 中即可；同时配套设计了卡片式"导游身份标识"，作为工作标牌便于旅游者和执法人员识别，电子导游证和导游身份标识的申领均十分便捷。而 IC 卡导游证的制作周期长，程序相对复杂，核发、使用的时间成本也较高。

二是在载体形态方面，电子导游证保存在导游个人移动电话等移动终端设备中，以电子数据形式存在，只要有手机等终端设备，即可随身携带。而原 IC 卡导游证虽然内含电子芯片，但非电子数据形态存在。

三是在功能方面，电子导游证除了显示导游的基本信息之外，还能够存储导游的执业轨迹，记录导游的社会评价，体现导游的服务星级水平，拥有导游执业的完整数据库。而 IC 卡导游证只能体现导游姓名、性别、证号等一般性静态信息。

四是在使用和管理方面，对于电子导游证，旅游者和旅游监管人员仅采用微信、App 扫描二维码的方式，即可与系统信息进行比对，甄别导游身份，防止导游与证件不匹配而非法从事导游业务等问题。对于 IC 卡导游证，只有监管人员采用专用的扫描设备才可读取导游基本信息，识别导游真伪。

由此可见，推行导游执业证件改革，并在《导游管理办法》明确导游证电子化制度，大大方便了导游证的申领、变更和注销，降低了导游证的制作成本，也有利于旅游者加强对导游身份的识别和旅游部门对导游执业行为的监管。

## 二、导游证申领和颁发

根据《导游管理办法》，取得导游人员资格证，并与旅行社订立劳动合同或者在旅游行业组织注册的人员，可以通过全国旅游监管服务信息系统向所在地旅游主管部门申请取得导游证。

在旅游行业组织注册并申请取得导游证的人员，应当向所在地旅游行业组织提交下列材料：(一)身份证；(二)导游人员资格证；(三)本人近期照片；(四)注册申请。旅游行业组织在接受申请人取得导游证的注册时，不得收取注册费；旅游行业组织收取会员会费的，应当符合《社会团体登记条例》等法律法规的规定，不得以导游证注册费的名义收取会费。

导游通过与旅行社订立劳动合同取得导游证的，劳动合同的期限应当在1个月以上。

申请取得导游证，申请人应当通过全国旅游监管服务信息系统填写申请信息，并提交下列申请材料：(一)身份证的扫描件或者数码照片等电子版；(二)未患有传染性疾病的承诺；(三)无过失犯罪以外的犯罪记录的承诺；(四)与经常执业地区的旅行社订立劳动合同或者在经常执业地区的旅游行业组织注册的确认信息。前款第(四)项规定的信息，旅行社或者旅游行业组织应当自申请人提交申请之日起5个工作日内确认。

所在地旅游主管部门对申请人提出的取得导游证的申请，应当依法出具受理或者不予受理的书面凭证。需补正相关材料的，应当自收到申请材料之日起5个工作日内一次性告知申请人需要补正的全部内容；逾期不告知的，收到材料之日即为受理。所在地旅游主管部门应当自受理申请之日起10个工作日内，作出准予核发或者不予核发导游证的决定。不予核发的，应当书面告知申请人理由。

具有下列情形的，不予核发导游证：(一)无民事行为能力或者限制民事行为能力的；(二)患有甲类、乙类以及其他可能危害旅游者人身健康安全的传染性疾病的；(三)受过刑事处罚的，过失犯罪的除外；(四)自被吊销导游证之日起未逾3年的。

导游证的有效期为3年。导游需要在导游证有效期届满后继续执业的，应当在有效期限届满前3个月内，通过全国旅游监管服务信息系统向所在地旅游主管部门提出申请，并提交本办法第十条第(二)项至第(四)项规定的材料。旅行社或者旅游行业组织应当自导游提交申请之日起3个工作日内确认信息。所在地旅游主管部门应当自旅行社或者旅游行业组织核实信息之日起5个工作日内予以审核，并对符合条件的导游变更导游证信息。

导游与旅行社订立的劳动合同解除、终止或者在旅游行业组织取消注册的，导游及旅行社或者旅游行业组织应当自解除、终止合同或者取消注册之日起5个工作日内，通过全国旅游监管服务信息系统将信息变更情况报告旅游主管部门。

有下列情形之一的，所在地旅游主管部门应当撤销导游证：(一)对不具备申请资格或者不符合法定条件的申请人核发导游证的；(二)申请人以欺骗、贿赂等不正当手段取得导游证的；(三)依法可以撤销导游证的其他情形。

有下列情形之一的，所在地旅游主管部门应当注销导游证：(一)导游死亡的；(二)导游证有效期届满未申请换发导游证的；(三)导游证依法被撤销、吊销的；(四)导游与旅行社订立的劳动合同解除、终止或者在旅游行业组织取消注册后，超过3个月未与其他旅行社订立劳动合同或者未在其他旅游行业组织注册的；(五)取得导游证后出现本办法第十二条第(一)项至第(三)项情形的；(六)依法应当注销导游证的其他情形。导游证被注销后，导游符合法定执业条件需要继续执业的，应当依法重新申请取得导游证。

## 知识拓展

拿到导游资格证后，如何申请电子导游证

**1. "电子导游证"是什么？和以前的 IC 卡有何区别？**

在此之前，导游从业需持有两个证：一是通过从业资格的考试，取得导游资格证，一般称之为资格证；二是拥有导游资格证后，挂靠旅行社或当地导游行业组织、导游协会，申领导游 IC 卡，一般称之为导游证，如图 10-3 所示。

图 10-3 导游资格证和原导游证 IC 卡

2017 年 3 月全面启动的"全国导游公共服务监管平台"，意味着全国所有导游人员从今以后都要开始申请使用新的导游身份标识，并且 2017 年 10 月 31 日，原 IC 卡导游证停止使用，开始使用新版"电子导游证"，如图 10-4 所示。

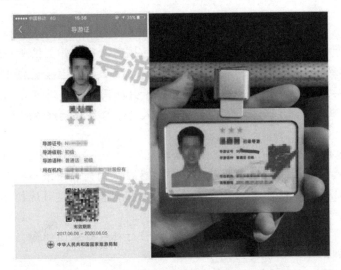

图 10-4 "电子导游证"电子数据形式和标识卡

新的"电子导游证"是以电子数据形式保存于导游个人的手机等移动终端设备中，基本上等同于以前的 IC 导游证卡，其外在表现形式为统一规格制作的"导游身份标识"卡片，便于执法检查和旅游者识别。

**2. 申请电子导游证需要什么条件？**

申请电子导游证需在取得导游资格证后，与旅行社签订劳动合同或在导游行业组织、导游协会注册(即挂靠)，然后向所在地旅游主管部门提交申请材料，方可申请办理电子导游证。(简单来说，你拿到资格证后，需要先找家旅行社或者当地导游协会挂靠之后，才可以去申请电子导游证)

**3. 什么时候可以申请电子导游证？有没有期限？**

由于存在数据同步的问题，因此，当年刚拿到资格证的人员一般不能马上申请办理电子导游证，导游员的资格证信息还没有同步到国家电子导游证平台上(一般需要几个月的时间)，具体换发时间只能等待当地旅游局发布的公告。往年就拿到资格证的，或者之前换发过IC卡的则不存在这个问题。

理论上在有资格证的基础上，你想什么时候挂靠申请电子导游证都是可以的，因为资格证终身有效。不过，有些地方挂靠后还需要参加当地的导游上岗培训，合格后才可以拿证，因此并不是任何时间去挂靠都可以的，比如可能固定当年在某几个时间段才可以挂靠，具体请咨询当地导游协会或旅游局。

**4. 怎么申请换发电子导游证？**

步骤一：导游提出申请。

手机端：导游下载"全国导游之家"App(支持安卓和苹果系统两个版本，可在各大应用市场下载)申领电子导游证。

PC端：可登录网站(http://jianguan.12301.cn)，进入"导游入口"在线申领电子导游证。

进入上述平台后，申请电子导游证主要有以下四步：

(1) 使用手机号注册；
(2) 校验导游资格；
(3) 上传相关资料；
(4) 提交审核。

步骤二：旅行社、导服公司核对信息。导游提出申领电子导游证申请后，由与导游签订劳动合同的旅行社或当地导游协会完成导游信息核实、确认并上报所在地旅游局审核。

步骤三：旅游局审核信息。所在地旅游局对旅行社、导游协会上报的导游信息进行审核，经审核通过后，打印发放"导游身份标识"卡片。同时，导游可在App上获取电子导游证，电子导游证以电子数据形式保存于导游个人的手机等移动终端设备中。

注册相关小问题。

Q：所在的旅行社或行业组织不在挂靠名单里？

首先，必须选择正确省级和市级旅游局，然后在机构列表中准确输入旅行社或行业组织的名称，如果已经在系统中录入，会查询出来列在列表中，这时选择相应挂靠的旅行社或行业组织即可。

如确实发现有不在列表内时，请及时联系该旅行社或行业组织向当地市旅游局申请账号信息并进行添加。

Q：导游可不可以既选择导游行业组织又选择旅行社？

不可以，导游在申请电子导游证时，只能选择一家导游行业组织或旅行社，然后由这家机构对导游进行信息确认和审核。

Q：导游换证时是否可以异地换证？

# 第十章　旅游行业相关证书

导游在 A 地旅游局办理的导游证，这次想在 B 地旅游局换证，系统上是支持的，一般来说需要先到原 A 地旅游局办理迁移手续，然后再到 B 地注册，具体的政策可请示当地旅游局相关管理部门。

Q：为什么我的证件照上传不成功，有什么要求？

在导游申请电子导游证的第一步：上传所需资料时，上传证件照要符合以下要求：

(1) 请务必上传三个月内证件照！2 寸免冠彩色近照(白底)；
(2) 应选用数码拍摄照片。图片为 413×626 像素，仅支持.jpg .bmp .png 的照片格式；
(3) 照片大小不超过 2M。注意：照片不要旋转！

需要注意，证件照图片的像素在宽 413、长 626 左右，不要相差太多，宽和高比例也不要相差太多。否则可能上传不成功。

注：用"全国导游之家"App 上传经常容易失败，建议用计算机浏览器打开 http://tourguide.12301.cn/unauthorized/login 上传。

Q：导游身份验证通不过，导游证号或资格证号未查到或姓名和身份证信息不匹配，该如何处理？

导游在申请电子导游证时，第一步要进行身份验证，输入姓名、身份证号、导游证号或资格证号，如果在系统里验证通过才可以继续申请，否则不允许进入下一步。验证不通过有以下 4 种情形，对应的处理办法如下。

(1) 导游输入了导游证号，但在系统内未查到输入的导游证号。处理办法：根据系统提示，提交 IC 卡导游证的信息：姓名、身份证、导游证、资格证等，如有等级证也可上传。然后由旅游局审批，审批通过后，系统会自动发送短信到注册的手机号上，导游这时可以登录系统继续申请电子导游证。

(2) 导游输入了导游证号，但姓名和身份证与系统内的不匹配。处理办法：根据系统提示，提交姓名、身份证信息和导游证。然后由旅游局审批，审批通过后，系统会自动发送短信到注册的手机号上，导游这时可以登录系统继续申请电子导游证。

(3) 导游输入了资格证号，但在系统内未查到输入的资格证号，则系统不再收集导游资格证信息验证。因导游资格证信息不全、不匹配等情况无法换证的人员，由其向参加导游资格考试地旅游部门的人事考试部门申请核实导游资格证相关信息。

(4) 导游输入了资格证号，但姓名和身份证与系统内的不匹配，则系统不再收集导游资格证信息验证。因导游资格证信息不全、不匹配等情况无法换证的人员，由其向参加导游资格考试地旅游部门的人事考试部门申请核实导游资格证相关信息。

Q：如何变更所在机构和所属旅游局？

导游在合同解除、合同终止、取消注册、合同到期流程完成后才可以申请变更所在机构，还可以申请变更所属旅游局，如果变更旅游局，同时所在机构也需要变更。操作步骤如下。

①进入主页，选择合同管理；②选择合同解除/终止；③选择相应的变更方式，等待新挂靠的旅行社或导游协会、旅游局审核即可！

Q：导游的语种和级别如何录入和变更？

导游的语种和级别的变更，要通过国家相关考试才可以，如果取得了新的语种资格证或级别升高，旅游局主管部门会掌握这些信息，也会在系统中自动更新，不需要导游到旅游局申请变更。

其他相关小问题。

Q：之前的导游证IC卡没有年审，对申请电子导游证有无影响？

先澄清一个概念，如果你之前的资格证一直没有换成IC卡，是不需要年审的，资格证是终身有效的，并不需要年审；如果你已经换了IC卡，但是每年一次的年审你没有通过，根据最新规定，不需要年审，可照常申请电子导游证。

总结：有没有年审对申请电子导游证没影响，只要资格证或者导游证IC卡没有被注销，即可申请电子导游证。

Q：申请"电子导游证"后审核不通过怎么办？

申请电子导游证后，需要两道关卡的审核，第一道是所挂靠的旅行社或当地导游协会，第二道是当地旅游局，因此，在哪道关卡上审核不通过，咨询相应的审核单位即可。并且，审核不通过系统都会显示相应的提示信息，请参考重新修改资料再次申请即可。

Q：为什么我申请了那么久一直显示"待审核"？

前面提到：申请电子导游证后，需要两道关卡的审核，第一道是所挂靠的旅行社或当地导游协会，第二道是当地旅游局。并且，只有当通过第一道审核之后才能继续审核第二道。

因此，如果一直显示"待审核"，八成是因为很多人申请前没有提前告知自己导游证所挂靠的单位，比如你挂靠在旅行社，你得跟旅行社说一下，他们才会上系统去审核；如果是挂靠在当地导游协会，很可能你没交管理费，人家不让你通过审核。

Q："电子导游证"标识卡(实体卡)怎么拿到？

导游申领电子导游证，经当地旅游局审批通过后，打印发放"导游身份标识"卡片(旅游局往往把标识卡下放到旅行社和当地导游协会，由其直接向导游发放)。由于制作进度问题，标识卡的发放时间并不同步，导游只需耐心等待所挂靠的单位的发放通知即可。

Q：领队证已经取消，与导游证"合二为一"，如何让电子导游证显示"领队标识"？

首先，导游需获得出境资质。

其次，在确定具有出境领队资质后，请登录"全国导游之家"网站 http://tourguide.12301.cn/guide，在主界面的"基本资料"里，分别上传劳动合同、学历证书、语言证书等扫描复印件，并告知所挂靠单位即可，通常几个工作日之后，电子导游证上便显示"领队标识"，如图10-5所示。

图10-5 电子导游证上的"领队标识"

Q：导游证和导游资格证有效期？

导游资格证是终身有效的，没有有效期限制，只要考下导游资格证后可以随时选择挂靠，领取导游证。

而导游证是有有效期的，一般有效期为三年，三年之后需要重新换证，若不换证，则导游证自动失效，不能继续从事带团活动。

Q：导游证和导游资格证有效范围？

导游资格证是全国通用的，也就是说无论你在哪里考下来的导游资格证，理论上都可以选任意的城市选择挂靠，领取导游证。

导游证原则上也是全国通用的，但如果想要在异地执业的话往往需要挂靠在异地旅行社，同时再次参加当地省份的岗前培训。甚至有个别地方出于地方保护也好，或者其他因素也好，并不允许在外地考的资格证挂靠在本地，在本地从事导游带团活动。

Q：导游证和导游资格证的年审问题？

首先得说明一下，资格证是不存在年审问题的。

其次，根据最新政策，导游证的年审理论上也已经取消了，但是，不排除部分地区还是有以导游培训的名义组织年审，所以，请以当地旅游局的通知为准！年审没过，也是不能继续带团的。

Q：还不想从事导游职业，不想带团的话，资格证可不可以不换成电子导游证？

当然是可以的，并且因为资格证是终身有效的，因此并不会过期。等到什么时候想从事导游了，再申请电子导游证即可。这也可以让你省去每年挂靠在导游协会的管理费，何乐而不为。

Q：持有导游证，能不能免费去景点？

首先，免不免票主要看景区的规定，国家并没有出台相关法规要求景区一定要对持证导游免票，现在持证免票的景区越来越少了；其次，持证指的是电子导游证，不是导游资格证。另外，有时候除了持证之外，往往还要求带团才可以，比如可能还要看带团行程单之类的！

Q：换证过程中还有问题如何获取帮助？

有以下 3 个途径。

(1) 通过查阅：http://help.12301.cn 这里是电子导游证换发的帮助系统，有使用指南、教学视频，还有常见问题。

(2) 如上问题如果还不能得到解决，请留意"全国导游之家网站"(http://tourguide.12301.cn/unauthorized/login)右下角有个"客服在线"，小编亲测，回复速度还是挺快的！

(3) 咨询当地市旅游局或所挂靠的旅行社、当地导游协会。(推荐这个渠道，毕竟申请过程中一直都要跟这几个单位打交道，并且各地区在实施电子导游证过程中可能存在一定的区别，所以有什么事直接问他们是最方便的)

(资料来源：https://baijiahao.baidu.com/s?id=1670062006238151064&wfr=spider&for=pc)

## 三、导游执业管理

根据《导游管理办法》，导游为旅游者提供服务应当接受旅行社委派，但另有规定的除外。导游在执业过程中应当携带电子导游证、佩戴导游身份标识，并开启导游执业相关应用软件。旅游者有权要求导游展示电子导游证和导游身份标识。

导游身份标识中的导游信息发生变化，导游应当自导游信息发生变化之日起 10 个工作日内，向所在地旅游主管部门申请更换导游身份标识。旅游主管部门应当自收到申请之日起 5 个工作日内予以确认更换。 导游身份标识丢失或者因磨损影响使用的，导游可以向所在地旅游主管部门申请重新领取，旅游主管部门应当自收到申请之日起 10 个工作日内予以发放或者更换。

导游在执业过程中应当履行下列职责：(一)自觉维护国家利益和民族尊严；(二)遵守职业道德，维护职业形象，文明诚信服务；(三)按照旅游合同提供导游服务，讲解自然和人文资源知识、风俗习惯、宗教禁忌、法律法规和有关注意事项；(四)尊重旅游者的人格尊严、宗教信仰、民族风俗和生活习惯；(五)向旅游者告知和解释文明行为规范、不文明行为可能产生的后果，引导旅游者健康、文明旅游，劝阻旅游者违反法律法规、社会公德、文明礼仪规范的行为；(六)对可能危及旅游者人身、财产安全的事项，向旅游者作出真实的说明和明确的警示，并采取防止危害发生的必要措施。

导游在执业过程中不得有下列行为：(一)安排旅游者参观或者参与涉及色情、赌博、毒品等违反我国法律法规和社会公德的项目或者活动；(二)擅自变更旅游行程或者拒绝履行旅游合同；(三)擅自安排购物活动或者另行付费旅游项目；(四)以隐瞒事实、提供虚假情况等方式，诱骗旅游者违背自己的真实意愿，参加购物活动或者另行付费旅游项目；(五)以殴打、弃置、限制活动自由、恐吓、侮辱、咒骂等方式，强迫或者变相强迫旅游者参加购物活动、另行付费等消费项目；(六)获取购物场所、另行付费旅游项目等相关经营者以回扣、佣金、人头费或者奖励费等名义给予的不正当利益；(七)推荐或者安排不合格的经营场所；(八)向旅游者兜售物品；(九)向旅游者索取小费；(十)未经旅行社同意委托他人代为提供导游服务；(十一)法律法规规定的其他行为。

旅游突发事件发生后，导游应当立即采取下列必要的处置措施：(一)向本单位负责人报告，情况紧急或者发生重大、特别重大旅游突发事件时，可以直接向发生地、旅行社所在地县级以上旅游主管部门、安全生产监督管理部门和负有安全生产监督管理职责的其他相关部门报告；(二)救助或者协助救助受困旅游者；(三)根据旅行社、旅游主管部门及有关机构的要求，采取调整或者中止行程、停止带团前往风险区域、撤离风险区域等避险措施。

具备领队资质的导游从事领队业务的，应当符合《旅行社条例实施细则》等法律、法规和规章的规定。旅行社应当按要求将本单位具备领队资质的领队信息及变更情况，通过全国旅游监管服务信息系统报旅游主管部门备案。

## 四、导游执业保障与激励

根据 2018 年 1 月 1 日开始实施的《导游管理办法》，导游在执业过程中，其人格尊严受到尊重，人身安全不受侵犯，合法权益受到保障。导游有权拒绝旅行社和旅游者的下列要求：(一)侮辱其人格尊严的要求；(二)违反其职业道德的要求；(三)不符合我国民族风俗习惯的要求；(四)可能危害其人身安全的要求；(五)其他违反法律、法规和规章规定的要求。旅行社等用人单位应当维护导游执业安全、提供必要的职业安全卫生条件，并为女性导游提供执业便利、实行特殊劳动保护。

旅行社有下列行为的，导游有权向劳动行政部门投诉举报、申请仲裁或者向人民法院提起诉讼：(一)不依法与聘用的导游订立劳动合同的；(二)不依法向聘用的导游支付劳动报酬、导游服务费用或者缴纳社会保险费用的；(三)要求导游缴纳自身社会保险费用的；(四)支付导游的报酬低于当地最低工资标准的。旅行社要求导游接待以不合理低价组织的旅游团队或者承担接待旅游团队的相关费用的，导游有权向旅游主管部门投诉举报。鼓励景区对持有导游证从事执业活动或者与执业相关活动的导游免除门票。

旅行社应当与通过其取得导游证的导游订立不少于 1 个月期限的劳动合同，并支付基本工资、带团补贴等劳动报酬，缴纳社会保险费用。旅行社临时聘用在旅游行业组织注册的导游为旅游者提供服务的，应当依照旅游和劳动相关法律、法规的规定足额支付导游服务费用；旅行社临时聘用的导游与其他单位不具有劳动关系或者人事关系的，旅行社应当与其订立劳动合同。

旅行社应当提供设置"导游专座"的旅游客运车辆，安排的旅游者与导游总人数不得超过旅游客运车辆核定乘员数。导游应当在旅游车辆"导游专座"就座，避免在高速公路或者危险路段站立讲解。

导游服务星级评价是对导游服务水平的综合评价，星级评价指标由技能水平、学习培训经历、从业年限、奖惩情况、执业经历和社会评价等构成。导游服务星级根据星级评价指标通过全国旅游监管服务信息系统自动生成，并根据导游执业情况每年度更新一次。旅游主管部门、旅游行业组织和旅行社等单位应当通过全国旅游监管服务信息系统，及时、真实地备注各自获取的导游奖惩情况等信息。

各级旅游主管部门应当积极组织开展导游培训，培训内容应当包括政策法规、安全生产、突发事件应对和文明服务等，培训方式可以包括培训班、专题讲座和网络在线培训等，每年累计培训时间不得少于 24 小时。培训不得向参加人员收取费用。旅游行业组织和旅行社等应当对导游进行包括安全生产、岗位技能、文明服务和文明引导等内容的岗前培训和执业培训。导游应当参加旅游主管部门、旅游行业组织和旅行社开展的有关政策法规、安全生产、突发事件应对和文明服务内容的培训；鼓励导游积极参加其他培训，提高服务水平。

## 本章小结

导游人员，是指依照《导游人员管理条例》的规定取得导游证，接受旅行社委派，为旅游者提供向导、讲解及相关旅游服务的人员。国家实行全国统一的导游人员资格考试制度。具有高级中学、中等专业学校或者以上学历，身体健康，具有适应导游需要的基本知识和语言表达能力的中华人民共和国公民，可以参加导游人员资格考试；经考试合格的，由国务院旅游行政部门或者国务院旅游行政部门委托省、自治区、直辖市人民政府旅游行政部门颁发导游人员资格证书。导游证采用电子证件形式，由国家旅游局制定格式标准，由各级旅游主管部门通过全国旅游监管服务信息系统实施管理。电子导游证以电子数据形式保存于导游个人移动电话等移动终端设备中。

## 课后练习

1. 导游的概念是什么？
2. 导游资格证的报名条件是什么？
3. 导游人员资格考试科目有哪些？
4. 导游证的申办程序是什么？

# 附 录

附录1 旅行社条例

附录2 《旅游景区质量等级的划分与评定》(修订)(GB/T17775－2003)

附录3 旅游景区质量等级管理办法

附录4 中国5A级景区名录

附录5 中国世界遗产名录

附录6 《旅游饭店星级的划分与评定》(GB/T14308—2010)实施办法

附录7 导游人员管理条例

附录8 导游管理办法

# 参 考 文 献

[1] 问建军. 旅游学概论[M]. 大连：大连理工大学出版社，2018.
[2] 李天元，旅游学概论[M]. 7版. 天津：南开大学出版社，2015.
[3] 吴必虎. 旅游学概论[M]. 2版. 北京，中国人民大学出版社，2013.
[4] 丁勇义. 旅游学概论[M]. 北京：清华大学出版社，2015.
[5] 博云新. 旅游学概论[M]. 广州：暨南大学出版社，2004.
[6] 龚鹏，旅游学概论[M]. 北京：北京理工大学出版社，2016.
[7] 金丽娟. 旅游学概论[M]. 北京：清华大学出版社，2016.
[8] 石强. 旅游概论[M]. 北京：机械工业出版社，2017.
[9] 马勇. 旅游学概论[M]. 北京：高等教育出版社，2012.
[10] 苏勤. 旅游学概论[M]. 北京：高等教育出版社，2001.
[11] 陶汉军. 旅游学概论[M]. 北京：旅游教育出版社，2001.
[12] 黄福才. 旅游学概论[M]. 厦门：厦门大学出版社，2001.
[13] 田里. 旅游学概论[M]. 天津：南开大学出版社，2006.
[14] 马勇，李玺. 旅游景区管理[M]. 北京：中国旅游出版社，2006.
[15] 王昆欣. 旅游景区管理[M]. 大连：东北财经大学出版社，2003.
[16] 谢彦君. 基础旅游学[M]. 大连：东北财经大学出版社，1999.
[17] 李天元. 旅游学[M]. 2版. 北京：高等教育出版社，2006.
[18] 谢彦君. 基础旅游学[M]. 北京：中国旅游出版社，1999.
[19] 保继刚等. 旅游景区规划与策划案例[M]. 广州：广东旅游出版社，2005.
[20] 李俊清，石金莲. 生态旅游资源[M]. 北京：中国林业出版社，2007.
[21] 郭英之. 旅游市场营销[M]. 大连：东北财经大学出版社，2006.
[22] 薛群慧. 旅游心理学理论·案例[M]. 天津：南开大学出版社，2008.
[23] 柳振万. 旅游产业发展的理论思考与实践探索[M]. 大连：大连出版社，2007.
[24] 崔凤军. 旅游宣传促销绩效评估方法与案例[M]. 北京：中国旅游出版社，2006.
[25] 杨富斌，王天星，韩玉灵. 旅游景区经营管理中的法律问题[M]. 北京：中国旅游出版社，2006.